Wendelin Schmidt-Dengler

Nestroy

DIE LAUNEN DES GLÜCKES

Paul Zsolnay Verlag

ISBN 3-552-05173-2
Alle Rechte vorbehalten
© Paul Zsolnay Verlag Wien 2001
Satz: Filmsatz Schröter GmbH, München
Druck und Bindung: Clausen + Bosse, Leck
Printed in Germany

1. Nestroy ohne Nestroy

Wenn ich deprimiert war oder wenn es mir schlecht ging, haben mir zwei Schriftsteller geholfen: Johann Nestroy und – Thomas Bernhard. Mir ist bewußt, daß ein solches Bekenntnis befremdlich wirkt und, vorsichtig ausgedrückt, einen fast peinlichen Hautgout hat – zumal im Text eines Literaturwissenschaftlers. Schließlich ist es gerade dessen Pflicht, Subjektives zu unterdrücken und den Anschein zu vermeiden, daß er die Literatur zu einer Art Lebenshilfe herabwürdige. Doch – und die Peinlichkeit des Bekenntnisses sei damit nicht weggewischt – ist es mehr als angebracht, sich zu fragen, worin denn diese Wirkung überhaupt zu gründen vermag, da sich auch die berechtigte Hoffnung einstellt, daß eine solche Befragung vielleicht auch die Wurzeln freilegen könnte, die uns überhaupt zur Beschäftigung mit Literatur führen.

In jedem Falle steckt hinter einer solchen Beschäftigung mehr als das Bedürfnis, sich von einem kritischen Geist belehren, bewegen und unterhalten zu lassen, mehr als der Wunsch, einen kennen zu lernen, der in den »gesellschaftlichen Schweinestall« seiner Zeit (Ernst Fischer 1962, 183) hineinleuchtete, oder einen, der als »der erste deutsche Satiriker« gelten kann, »in dem sich die Sprache Gedanken macht über die Dinge« (Karl Kraus 1912, 2), oder einen vor sich zu haben, der stets meine Erkenntnisinteressen, seien sie ästhetischer, soziologischer, psychologischer, historischer oder – um alle Wissenschaftsfliegen mit zwei Schlägen zu haben – anthropologischer oder kulturwissenschaftlicher Natur befriedigt. Die therapeutische Substanz dieser Literatur läßt sich nicht aus solchen einzelnen Momenten destillieren, sie scheint viel eher in der Gültigkeit von Sätzen zu liegen, die sich in verschiedenen lebensweltlichen Situationen bewähren, von Sätzen, von denen wir uns nicht trennen können und die uns daher begleiten und prägen. Das Universum dieser Sätze läßt sich auch nicht auf ein poetisches Vademecum von treffenden Sprüchen reduzieren, die uns als Lebensweisheiten im Magen liegen und daher unser Denken blockieren. Nestroys Wirkung ist vielschichtiger, variantenreicher, sie ist unsystematisch und auch undogmatisch, sie befreit und verpflichtet zugleich.

Nestroys Werk begleitet die Österreicherin, den Österreicher und vor allem die Wienerin und den Wiener, so sie oder er überhaupt etwas mit dem Theater und/oder der Literatur im Sinn haben, ein Leben lang. Er hat seinen festen Platz auf nahezu allen Bühnen des Landes, auf denen fast jährlich eines seiner Stücke in einer Neuinszenierung zu haben ist. Erfolge und Mißerfolge stehen dabei in einem ausgewogenen Verhältnis. Das Regietheater ist erfreut, weil das Material sich vorzüglich für Bearbeitungen eignet, und wie Shakespeare hat Nestroy die verschiedenen Phasen der Theaterpraktiken seit dem Zweiten Weltkrieg überstanden: Seine biedermeierlichen Züge kamen in dem Meinrad-Stil der fünfziger und sechziger Jahre gut zur Geltung, dem Gesellschaftskritiker und dem bösen Nestroy galten die siebziger und achtziger Jahre, während er gegen Ende des Jahrhunderts als Basis postmoderner Stilübungen dienen durfte. Als ein deutscher Regisseur namens Frank Castorf einen Nestroy-Verschnitt anbot und erklärte, er würde den Österreichern endlich den harten und unerbittlichen Kritiker zeigen, ließ man ihn in dem frommen Kinderglauben seiner missionarischen Wirksamkeit. Claus Peymann, dem immer wieder vorgehalten wurde, er würde die Nestroy-Pflege am Burgtheater vernachlässigen, behauptete in einem Interview, Nestroy sei unzeitgemäß: Der Nestroy unserer Tage heiße Thomas Bernhard, eine Aussage, die belegt, wie mangelhaft der Einblick dieses zweifelsfrei bedeutenden Regisseurs in die feinen Unterschiede der Literatur sein konnte.

Hier kann es aber nicht um die so abwechslungsreiche Bühnengeschichte des Nestroy'schen Werkes gehen, sondern vielmehr um die Partitur; und die Entdeckung oder Wiederentdeckung Nestroys lief ja um die Jahrhundertwende weniger über das Theater, als über die Texte, und bis auf den heutigen Tag ist die Präsenz Nestroys in der Schrift die gewichtigere, vor allem für jene, die bereit sind, diese Vorlage für sich auf ihrer inneren Bühne immer neu zu inszenieren. Es geht vielleicht auch darum, Nestroy wieder für den Leser zu entdecken: Niemandem wird es gelingen, alle überlieferten 77 Stücke jemals auf der Bühne zu sehen, da einige von ihnen kaum ihren Weg dorthin finden werden. Zum anderen ist vieles noch unentdeckt, und selbst jene Stücke, die sich kaum der Gunst des Publikums erfreuen, enthalten immer noch so viel

Substanz, daß sich die Mühe der analytischen Zuwendung in jedem Falle noch lohnt. »Nestroy ohne Nestroy« – das schien das Problem zu sein, das die Wirkungsgeschichte seines Œuvres bestimmte: Wie konnte, so meinte man, dieses überleben, ohne den, der es als Schauspieler trug? »Qualtinger ohne Qualtinger« – das wäre ein analoges Problem.

Immerhin bewies ein Nestroy-Zyklus im Jahre 1881, daß die Stücke weiterhin ihre Wirksamkeit auf der Bühne nicht verfehlten. Daß es Ludwig Ganghofer und Vincenz Chiavacci waren, die mit ihrer zwölfbändigen Ausgabe 1890/91 wesentlich an dieser Wiederentdeckung beteiligt waren, ist heute schon in Vergessenheit geraten. Für diese Herausgeber war Nestroy der Volksschauspieler und Volksdichter par excellence. Auch wenn die Ausgabe philologisch mangelhaft war – und darum wußten die Herausgeber –, war das Werk nun doch zu großen Teilen zugänglich, ja auch heute ist diese Ausgabe nicht ohne Bedeutung, da sich diese beiden noch auf Überlieferungsträger berufen konnten, die späteren Editoren nicht mehr zur Verfügung standen.

2. Eduard und Kunigunde

Die Qualitäten eines Werks sind untrennbar mit seiner Wirkungsgeschichte verbunden. Daß in der Nestroys der Name Ganghofer zu finden ist, ist gewiß kein Fleck auf der Ehr, es sollte aber zu denken geben, in welche Umgebung er dadurch geriet und wo er für viele Literaturhistoriker auch lange bleiben sollte – ein volkstümlicher Autor, dessen Grenzen mit der Bühne, für die er schrieb, sehr eng gesteckt sind: »Eine Lektüre für das Volk ... ein Gebrauchsbuch für die deutschen Theater«, das wollten Chiavacci und Ganghofer bieten. (CG 1, VI) Die Literaturgeschichten zu Beginn des 20. Jahrhunderts sind, so sie ihn überhaupt wahrnehmen, meist voller Verachtung für Nestroy. Waldemar Oehlke etwa kanzelte 1921 Nestroy als naiv und geschmacklos ab, und dafür genügte ihm eine einzige Szene aus »Der böse Geist Lumpacivagabundus«: Knieriem verkündet in der Schenkstube, er habe ein »superbes Lied g'macht« und »den Text nach einer Rittergeschichte frei bearbeitet«. Und dann singt er: »Eduard und Kunigunde/Kunigunde und Eduard«; das wird dreimal wiederholt, und auch die zweite Strophe bietet nichts Neues. »[A]nders taten es im alten Österreich die lieben Wiener nicht«, meint Oehlke und wirft damit den Autor und seine Schöpfung in den Orkus des Unseriösen und Belanglosen: »Das alles steht nicht viel über dem Range eines Vorstadt-Variétés und hat nur in einer Stadt wie Wien nachhaltige Zugkraft beweisen können.« (Oehlke 1921, 136 f.)

Es ist – zugegeben – schwer, aus einer solchen Szene moralisches, ästhetisches und vor allem didaktisches Kapital zu schlagen, und doch läßt sich aus diesen wenigen Zeilen mehr Literaturgeschichte lernen als aus dem Kompendium Oehlkes. Auf die Ankündigung der »Rittergeschichte« bekennt ein Zuhörer, er habe »die romantischen Sachen so gern«; das Ganze sei »[o]rdentlich rührend«, kommentiert Leim, der allerdings, da die zweite Strophe nur das »Nämliche« bringt, Protest einlegt, worauf Knieriem erklärt: »Ihr wißt nicht was schön ist.« (I 5; SW 5, 145 f.) So wird auf der Bühne Nestroys die Romantik durch den Ulk entzaubert; die Zustimmung und Ablehnung dieses Gesangs durch Leim erfaßt in souveräner Abbreviatur den schnellen Umschwung in der Haltung des Publikums zur Romantik, deren zutiefst problematische Natur durch die Form der übertreibenden Parodie zur Kenntlichkeit entstellt werden soll: Das Nichtssagende genügt, um die Affekte zu wecken. Aber mit der parodistischen Note ist die ästhetische Leistung einer solchen Stelle noch nicht hinlänglich gekennzeichnet. Die romantische Ballade wird auf Nennung von Namen reduziert, und diese Reduktion mutet wie ein Vorgriff auf die Praktiken der Avantgarde an, die – wie etwa die sogenannte Wiener Gruppe – alle semantischen Überschüsse, die sich im Pathos der großen Form eingenistet haben, mitleidlos zum Sprachmüll werden lassen. Eine solche Szene weist voraus auf H. C. Artmann, Konrad Bayer oder Gerhard Rühm.

Das Werk Nestroys, im besonderen das Frühwerk, ist reich an solchen Stellen, an denen sich Unsinn frei entfaltet und zugleich das, was als Sinn in der Kunst gehandelt wird, in seiner Fragwürdigkeit enthüllt. An diesen Stellen scheint Nestroy seinen Vorgängern – man denke vor allem an die Zauberpossen eines Josef Alois Gleich oder Karl Meisl – verpflichtet zu sein; hier scheint er aber auch den Tribut an eine Bühne zu entrichten, die ohne höhere Ansprüche auskommt; just an diesen Stellen, deren Relevanz für den Inhalt und den Plot des Stückes gegen null geht, konnte der Schauspieler Nestroy die intensivste Wirkung erzielen, und es ist ratsam, selbst dort, wo um des Effekts willen der Unsinn herbeigeredet und der Sinn zerredet wird, bei Nestroy vorsichtig zu sein und in der ärgsten Plattheit die Spuren dessen zu suchen, was platt getreten wurde.

Bis zur Anerkennung ist der Weg Nestroys durch die Literaturgeschichten außerordentlich lang. Wer die meist von Ignoranz und Ablehnung bestimmten Urteile zu Beginn des 20. Jahrhunderts in Rechnung stellt, kann die Bedeutung der Tat ermessen, die Karl Kraus mit seiner Schrift »Nestroy und die Nachwelt« (1912) vollbrachte. Kraus entreißt mit der ihm eigenen (Sprach-)Gewalt und Kompromißlosigkeit Nestroy jener Bindung an das Lokale, die vielen so reizvoll scheinen mochte: »Nestroy ist der erste deutsche Satiriker, in dem sich die Sprache Gedanken macht über die Dinge. Er erlöst die Sprache vom Starrkrampf, und sie wirft ihm für jede Redensart einen Gedanken ab.« (Kraus 1912, 12) Damit scheint Nestroy mit seinen Wurzeln aus dem heimischen Biedermeiergarten ausgegraben und in die weiten Gefilde der deutschen Literatur verpflanzt. Daß Kraus mit der Beschreibung der Sprachbehandlung Nestroys auch sich selbst die Diagnose stellte, steht außer Zweifel. Auch bei ihm macht sich die Sprache – und sie wird gleichsam zur personifizierten Autorität schlechthin – »Gedanken über die Dinge«, auch er gewinnt seine Gedanken aus den Redensarten.

Mit Hugo von Hofmannsthals »Ein Brief« (1901) und der Nestroy-Schrift von Karl Kraus sind die beiden herausragenden Texte genannt, von denen für die Sprachreflexion – nicht nur in der Literatur, sondern sehr wohl auch in der Philosophie – entscheidende Impulse ausgingen. Auch wenn Bedenken gegen die Herstellung einfacher Filiationen angebracht sind, ist es doch keinesfalls abwegig, sich der Lektüre Ludwig Wittgensteins von Johann Nestroy her über Karl Kraus zu nähern: »Ueberhaupt hat der Fortschritt das an sich, daß er viel größer ausschaut, als er wirklich ist« – wählte Wittgenstein als Motto für seine »Philosophischen Untersuchungen« aus Nestroys »Der Schützling«. (IV 10; SW24/II, 91)

»Nestroy und die Nachwelt« ist bis auf den heutigen Tag die wichtigste Schrift, die je über diesen Autor verfaßt wurde. Sie verlieh dessen Werk nicht nur eine Dignität, deren sich eine Literaturkritik, befangen in ihren im Thematischen und Stofflichen gründenden Werthierarchien, nie inne werden konnte, sondern erschloß der Literaturbetrachtung eine neue Dimension, die zur exakten Bestimmung dessen verpflichtet, was Sprache zu leisten vermag. Das freilich mit einem Rundumschlag nicht nur gegen die Literaturhistoriker, sondern auch gegen die Literatur seiner Zeit: »Im abseitigsten Winkel einer Nestroy'schen Posse ist mehr Lebenskennerschaft für die Szene und mehr Ausblick in die Soffite höherer Welten als im Repertoire eines deutschen Jahrzehnts.« (Kraus 1912, 15) Zugleich nimmt Kraus Nestroy, da er ihn durch die überzeitliche Kraft der Sprache gegen jede historische Veränderung gefeit hält, aus allen aktuellen Bezügen heraus: »Voller Inaktualität, ein fortwährender Einspruch gegen die Zeitgemäßen«, befindet er (Kraus 1912, 16) und bezieht damit eine Position, diametral jener entgegengesetzt, die Nestroy als den Kritiker einer bestimmten Epoche fassen und seine Texte Punkt für Punkt auf eine konkrete zeitgeschichtliche oder gesellschaftliche Situation beziehen will. Der provokant konservative Gestus ist dem Satiriker Kraus eigen: »Der Demokrat ruft immer nach der Polizei, um den Künstler der Feigheit zu beschuldigen. Der Künstler aber nimmt so wenig Partei, daß er Partei nimmt für die Lüge der Tradition gegen die Wahrheit des Schwindels. Nestroy weiß, wo Gefahr ist. Er erkennt, daß wissen nichts glauben heißt. Er hört bereits die Raben der Freiheit, die schwarz sind von Druckerschwärze.« (Kraus 1912, 17)

3. Der aufrechte Gang der Literaturwissenschaft

Solchen Gedanken muß die Literaturwissenschaft mit gemischten Gefühlen begegnen. Daß Kraus zu Nestroys Ruhm Entscheidendes beitrug, läßt sich schwer leugnen, und doch ist bei aller Bewunderung auch Zurückhaltung angezeigt, die der Philologe und Nestroy-Forscher Jürgen Hein walten läßt: »Seine [Kraus'] ebenso geschliffenen wie teilweise überspitzten Urteile […] nehmen Nestroy vor der Verharmlosung durch Theater- und Literaturwissenschaft in Schutz.« (Hein 1997, 136) Das hindert die Wissenschaft freilich nicht, Kraus zu attackieren, da sie sich im Besitz amtlich geprüfter Erkenntnismittel wähnt. »Nestroy-Forschung im Gefolge von Karl Kraus als Irrweg« betitelte Friedrich Sengle den ersten Abschnitt des Nestroy-Kapitels in seinem monumentalen Biedermeier-Werk, welches er mit der Hoffnung ausklingen läßt, daß der »Zauberbann von Karl Kraus sicher nicht mehr lange wirken« werde. (Sengle 1980, 191–196)

Der emphatischen Würdigung durch Kraus hält Sengle das Postulat nach einem »ernsthaften wissenschaftlichen Fortschritt« entgegen und macht der Forschung eine klare Vorschrift: »Die jeweilige Meisterschaft innerhalb der gegebenen Bedingungen, nicht der vage Geniebegriff, der in dem irrationalistischen Ansatz von Karl Kraus und in dem Mythos vom Wiener Shakespeare nachwirkt, sollte das Wertkriterium der künftigen Forschung sein.« (Sengle 1980, 196) Damit sind die Fronten klar abgesteckt: Hier gibt es eine Forschung, die die Logik der Entwicklung solcher einzelner Phasen genau erfassen zu können meint, die literaturhistorische Abläufe präzise nachzeichnen will und schließlich für alles eine Erklärung bereit hält. Dieser Forschungsoptimismus – und er ist jedem, der sich auf eine solche Untersuchung einläßt, ein unentbehrliches Stimulans – geriert sich so, als könnte er die weißen Flecken auf den Landkarten allesamt beseitigen und erstmals mit Farben füllen. In Sengles Text wirkt mit einer stupenden Intensität der frohgemute Positivismus des 19. Jahrhunderts nach, der von der Überzeugung getragen ist, die »gegebenen Bedingungen« so perfekt rekonstruieren zu können, daß daraus die Werke und auch ihre Qualitäten ableitbar sind. Jeder Versuch, den Text den historischen Voraussetzungen zu entwinden, scheint verfehlt, da so die sicherste Erklärungsgrundlage aufgegeben würde.

Kraus' Rede wird nicht ohne Ranküne als ein »publizistisches Geschwafel aus dem Jahre 1912« (Sengle 1980, 195) eines »reaktionären Autors gegen die eigene demokratische, wissenschaftliche, technische Gegenwart« (Sengle 1980, 193) lächerlich gemacht: Kraus zu einem der Journalisten zu machen, deren geschworener Gegner er sein wollte, ist der favorisierte Untergriff seiner Widersacher. Dem sei, so darf man Sengle interpretieren, der nüchterne und ornamentfreie Stil des Literaturwissenschaftlers entgegenzuhalten. Der darf dann auch Werk und Leben vermengen und zeigt sich unbefriedigt, daß doch immer wieder einzelne Momente unklar sind. Höchst sensibel, wie sich Sengle in Marie Weiler, die Lebensgefährtin Nestroys, einzufühlen vermag:

»Wir bedauern gewiß mit Grund, daß er viele Vorlagen flüchtig bearbeitete, daß ihm der einzelnen Dichtung gegenüber oft die Werktreue, das künstlerische Ethos fehlte. Dem komischen Theater dagegen, als Gattung betrachtet, hat er eine leidenschaftliche Treue bewahrt. Den einzelnen Mitmenschen, selbst der Lebensgefährtin, muß er wegen seiner Sprunghaftigkeit ein Rätsel gewesen sein. Auch wir kennen – man muß es gestehen – den individuellen Nestroy kaum: in diesem Sinne ist er unheimlich.« (Sengle 1980, 262) So ein Pech.

Schließlich geht es darum, die Ehre der Bürger zu wahren, jener Bürger, »die zuerst von Leuten [sic!] wie Nietzsche und Kraus, dann von Faschisten und Kommunisten schlechtgemacht wurden« (Sengle 1980, 254) – ganz so, als ob Nestroy nicht auch – noch vor Leuten wie Nietzsche und Kraus – die Ehre so mancher Bürger schlechtgemacht hätte. Literaturgeschichtsschreibung dient dazu, aus Literatur und Gesellschaft wieder ein rundes Ganzes zu machen, die Konflikte der Vergangenheit nach Kräften einzuebnen und dem Dichter allenfalls wegen seiner »Sprunghaftigkeit« postum die Leviten zu lesen. Aber zugleich sehnt man doch den Hintersinn herbei, offenkundig das, was Nestroy »unheimlich« macht. Wenn Nestroy mit »Einen Jux will er sich machen« »die Form eines nur noch [!] heiteren Spiels« erreicht, so erfolgt dies »auf Kosten der Hintergründigkeit«, die seine Possen sonst auszeichne. Die Erklärung für den Erfolg dieses Stückes ist dann einfach: »Ich denke: es wird wohl vor allem deshalb so viel gespielt, weil der Intendant bei einem so flotten Stück nichts riskiert.« (Sengle 1980, 241) Man stellt das Lustspiel einfach auf die Bretter, die die Welt bedeuten, und meint, damit auch die ästhetischen Probleme allesamt gelöst zu haben.

Da sich für Sengle der Erwartungshorizont, vor dem die Possen und Lustspiele dereinst gespielt wurden, mühelos bestimmen läßt, bedeutet für ihn jede Aktualisierung auch Verfälschung. (Sengle 1980, 254) Einer solchen Art der Literaturbetrachtung, die in ihrem wissenschaftlichen Korsett stets den aufrechten Gang zu pflegen meint, kommen keine Zweifel an der Gültigkeit ihrer Ergebnisse. Daß auch diese Rekonstruktionen nicht mehr sind als behelfsmäßige, mitunter sogar sehr suggestive Simulationen, scheint Sengle nie in den Sinn zu kommen. Alles fügt sich trefflich zueinander, und am Ende steht die vermeintlich unumstößliche »Einordnung« in größere Zusammenhänge: »Nestroy ist die Stelle, an der diese Voltairianische und Wielandische Saat in Österreich aufging und eine neue, energisch-einprägsame Gestalt annahm.« (Sengle 1980, 264) Abgesehen von dem schrägen Bild, in dem einer Saat zugemutet wird, eine »energisch-einprägsame Gestalt« anzunehmen, befremdet die Vorstellung von der Literatur als einem großen Landgut, wo gesät und geerntet wird.

Der Kritik an Sengle wird hier nicht deshalb so viel Platz eingeräumt, um einem bedeutenden Gelehrten am Zeug zu flicken, sondern um eine Vorgangsweise zu charakterisieren, die für den Umgang mit Literatur im Bereich der Wissenschaft bis in unsere Tage kennzeichnend ist und zudem durch ihre Drastik idealtypisch den Gegenpol zu Karl Kraus bildet. Die unverhohlene Aggressivität, mit der Sengle dessen Sätze in seiner Gedankenarena vorführt, macht seine stete Berufung auf wissenschaftliche Objektivität und nüchterne Erkenntnis fragwürdig: Hier ahnt der Literaturwissenschaftler offenbar einen Zugang zur Literatur, der ihm verschlossen ist, der ihm gerade deshalb contre cœur ist. Während Kraus Nestroy mit einer Anstrengung, die auch wieder bedenklich stimmt, aus allen historischen Bindungen entfernt, nahezu alle konkreten Inhalte in rhetorische Figuren auflöst und seinen Nestroy zu einem esoterischen Sprachleib verklärt, meint Sengle, den seinen aus dem Lehm formen zu können, aus dem die Träume der Literaturhistoriker sind und der in den Archiven des literarischen Gedächtnisses über die Jahrhunderte abgelagert wurde.

Der Konflikt zwischen Sengle und Kraus gilt nicht nur für das hier vorliegende Fallbeispiel; er ist symptomatisch für das Gespräch über Literatur überhaupt. Auf der einen Seite geht es darum, sorgsam Schritt für Schritt zu setzen, die Verbindungen zwischen der Sozialgeschichte und der Literatur herzustellen, vom Leben der literarischen Formen so zu berichten, als wären sie Pflanzen, deren Wachstum sich nach bestimmten Regeln beschreiben läßt, jedes einzelne Faktum durch seine Herkunft zu definieren und auf seine Folgewirkung vorauszudeuten, jedem Werk eine sichere Behausung unter dem Dach eines literarischen Genres anzuweisen oder es genau in einer bestimmten Periode zu verorten. Deutlich spürt Sengle Kraus' allergische Reaktion auf die Literaturhistoriker und wehrt sich mit obstinater Berufung auf sein zunftgemäßes Selbstverständnis und seine unerschütterliche Objektivität gegen »den unwissenschaftlichen Karl Kraus«, der »zu einer heillosen Verwirrung in historischer Hinsicht« geführt habe. (Sengle 1980, 257) Es stehen einander geschlossene Systeme gegenüber, von denen das wissenschaftliche seine feste Burg in der Methode hat, während Kraus die Literatur aus der babylonischen Gefangenschaft der Wissenschaft und der Journalistik befreien will. Die Kluft, die sich zwischen den beiden auftut, ist unüberbrückbar.

4. Irrwege?

Es schien mir angebracht, auf diese Opposition ausführlicher einzugehen, weil sie das Verhältnis zur Literatur allenthalben bestimmt und auch regelmäßig für heftige

Dispute, wechselseitige Diskreditierung und Denunziation sorgt. Auf der einen Seite steht der Wille, sich mit der Kritik auf die Höhe der Autoren zu begeben, auf der anderen Seite beruft man sich auf die fachmännisch-philologische Integrität, die den Texten und ihren Schöpfern eine faire Behandlung garantieren will.

Es fällt mir zusehends schwerer, in diesem Konflikt eindeutig Position zu beziehen, zumal die Fronten festgefahren sind, und ich mich bei Lichte besehen, reinen Gewissens weder auf die eine noch auf die andere Seite schlagen kann. Einerseits lohnt es sich immer noch, bei jeder Beschäftigung mit Nestroy von Kraus auszugehen: Von »Irrwegen der Nestroy-Forschung« sprach Sengle, so als ob er wüßte, wo der Weg, die Wahrheit und das Leben zu suchen seien. Von Irrwegen möchte ich nicht sprechen, eher von Umwegen, die allerdings – nach der Lieblingssentenz von Wolfgang Preisendanz – die Ortskenntnis erhöhen. Mag sein, daß Kraus die Bedeutung der Sprache für Nestroy zu stark betont hat; doch sein Denkansatz hob das Werk erst auf das Niveau, auf dem eine Wahrnehmung durch die Literaturwissenschaft möglich war. Für Sengle ist die Sprache, deren Primat Kraus so eindrucksvoll beschworen hatte, eine Selbstverständlichkeit, die eine Zuordnung Nestroys zur Kategorie Besonderheit keinesfalls gestattet: Hier würde Heine und Jean Paul der Vorrang gebühren.

Dafür fällt bei Kraus das weg, womit sich mit guten Gründen die Literaturwissenschaft auseinandersetzt: der Vormärz, das Biedermeier, die Situation Österreichs nach den Napoleonischen Kriegen, das Jahr 1848. Die Unbedingtheit, mit der Kraus den Zeitbezug eskamotiert, hat den Charakter der Provokation, die wiederum von der Literaturwissenschaft aufgenommen wurde, ja es läßt sich sagen, daß ohne diese die philologische Bemühung nie so weit gegangen wäre. Die Literaturgeschichte hatte Nestroy sofort in die lokalen Schranken gewiesen, die dieser nach der Auffassung von Karl Kraus längst überschritten hatte. Die Formel vom »ersten deutschen Satiriker« notiert Sengle mit besonderem Unbehagen (Sengle 1980, 262); auch wenn man dieses nicht teilt, bleibt doch die Frage, ob sich die Ordnungszahl auf den Rang oder die zeitliche Abfolge bezieht oder gar auf beides. Sengle bevorzugt eindeutig dieses, denn er sieht bedeutende Vorgänger wie Heine oder Jean Paul, versteht aber offenkundig nicht den Nachsatz, demzufolge die Sprache eben als eigene Instanz begriffen wird, die aktiv wird, die agiert und zur Selbstreflexion antritt. Zum anderen läßt die zeitliche Deutung auch die Auffassung zu, daß Kraus sich nun als der zweite nach Nestroy sehen könnte, eine Annahme, die so abwegig nicht ist. Nestroy wird ferner auf die Rolle des Satirikers festgelegt, und es stellt sich die Frage, ob diese Zuweisung, die gewiß einiges für sich hat, nicht auch eine Verengung der Sicht auf das Gesamtwerk bedeutet und ob Satiriker *pur sang* nicht doch anderes vollbrachten als Nestroy. Diesen indes als »ersten deutschen Satiriker« vorzustellen bedeutete 1912 so etwas wie eine Erhebung in den Adelsstand der Literaturgeschichte, die allerdings nur allmählich ihre Lektion lernte.

5. Die Misere des Vergleichens

Daß Nestroys Werk meist nicht für sich genommen wurde, ist dem untilgbaren Bedürfnis nach Konstruktionen zu verdanken, dem freilich nicht nur die Literaturhistoriker huldigen: Nestroy scheint mit Raimund siamesisch verwachsen zu sein, er scheint ohne diese komplementäre Größe gar nicht lebensfähig. Das Machtwort Josef Nadlers von 1928 ist symptomatisch dafür: »Keiner von ihnen vermag das Ganze zu bedeuten. Sie sind ein Ring, der erst geschlossen ganz und vollkommen ist.« (Nadler 1928, 425) Nadler stand so sehr im Banne der eigenen These, daß er den »Lumpacivagabundus« von 1833 für eine Parodie von Raimunds »Verschwender« von 1834 hielt (Nadler 1928, 424), und noch 1948 prägte er in der ihm eigentümlichen bombastischen Prägnanz die Antithese, die lange in den Köpfen des Publikums und der Theaterfachleute nachwirkte: »Raimunds Spiele wurden Bühnendichtungen, Nestroys Spiele können lediglich Bühnenstücke heißen. Vom Handwerk gesehen, kann Nestroys Arbeit sogar besser gewesen sein. Doch es fehlte ihm das Unsägliche, das Dichtung ist. Sie machen keine Träne.« (Nadler 1948, 317)

Daß diese Antithese nicht ohne Grund mitgedacht wurde und heute noch mitbedacht werden sollte, steht außer Zweifel. Fraglich sind die damit verbundenen Wertungen und Abwertungen. Auch hier sprechen die Literaturgeschichten eine deutliche Sprache, eine Sprache, die weniger Ausdruck eigenständiger Urteilsfindung ist, als vielmehr die Abhängigkeit vom Zeitgeist dokumentiert. Nach dem Zweiten Weltkrieg ist Raimund zusehends in den Hintergrund getreten, manche Theaterfachleute und Philologen sehen sich sogar zu »Rettungsversuchen« veranlaßt und fragen sich, wie man dieses Werk in unserer Zeit noch vertreten könne, während im Gegenzug Nestroy voll rehabilitiert wird, wie dies vor allem in den Literaturgeschichten aus der DDR nachzulesen ist. Nestroy wird somit zum Ahnherrn einer österreichischen Gegentradition, die sich im Gegensatz zu einer Haltung, die sich mit der Welt als dem Reich Gottes – um auf Roger Bauers treffende Formel zurückzugreifen – zufrieden gäbe, einer Anti-Theodizee verschrieb. Er stünde demnach nicht in einer Linie, die sich mit den Namen Raimund, Grillparzer, Hofmannsthal, Joseph Roth, Heimito von Doderer und vielleicht Peter Handke nachziehen ließe, sondern in einer, die mit den Satirikern und Pamphletisten der josephinischen Aufklärung ihren Anfang nähme und über ihn, Nestroy, Anzengruber, Kürnberger, Karl Kraus, Ödön von Horváth, Jura Soyfer bis zu Helmut Qualtinger und Thomas Bernhard führe. Das Denken in polaren Paaren hat viel für sich und mag in einigen Fällen der nun einmal notwendigen Übersicht dienlich sein und unter Umständen auch weiterführen; doch die Dinge liegen nicht so einfach, und ein Bedürfnis nach Schematisierung steht immer einem differenzierten Urteil über Literatur entgegen. Der Vergleiche kann man nicht entraten, doch sollte man sich bei jeder literaturgeschichtlichen Ambition bewußt sein, daß man es mit Unvergleichlichem zu tun hat.

Die Vorüberlegungen für diese Schrift über Nestroy

führten zwangsläufig über die verwickelte Wirkung – unter bewußter Aussparung der so umfassenden Bühnengeschichte, die jedoch in vielen Punkten zur Wissenschaftsgeschichte parallel läuft. So kritisch auch die Ergebnisse der Untersuchung Sengles hier erörtert werden, so sind sie doch auch als Zeugnis einer kolossalen Umwertung eines Autors zu verstehen, der bis in die Zeit nach dem Ersten Weltkrieg vielen Literarhistorikern nur eine Randglosse wert schien. Nestroy ist den Weg von unten nach oben gegangen, und er ist nach Büchner vielleicht der Autor, dem Bedeutung am meisten durch seine Wirkung in der zweiten Hälfte des 20. Jahrhunderts zuwuchs. Die Befassung mit diesen beiden durch die Wissenschaft wie durch das Theater bewirkte eine Umschreibung des Kanons der Literaturgeschichte, ein Schulbeispiel für die Verschiebungen in der Wertung. Wer sich den Literaturgeschichten von früher widmet und sich mit ihren Urteilen auseinandersetzt, wird vorsichtig, wenn er sich über Schriftsteller und Schriftstellerinnen unserer Gegenwart ausläßt, und bei jedem Kritiker sollte sich eine Hemmung einstellen, die dem Bedenken entspringt, einem Zeitgenossen mit ähnlich schulterklopfender Arroganz zu beggegnen, wie dies Nestroy in den Literaturgeschichten widerfuhr.

Die Umwertung setzte freilich schon in der Zwischenkriegszeit ein, und hier ist der Name Otto Rommels mit gebührendem Respekt zu nennen: Daß nicht sein Name, sondern der Josef Nadlers genannt wird, wenn es um eine für diese Epoche repräsentative Persönlichkeit der österreichischen Germanistik geht, gereicht dieser zum Schaden und ist ein Zeugnis für die Dominanz einer akademischen Position über die wissenschaftliche Leistung sogar über den Tod hinaus: Nadler war Ordinarius an der Universität Wien, Otto Rommel Gymnasialdirektor. Rommels Leistung als Herausgeber wurde noch von Karl Kraus gewürdigt; sein voluminöses Werk »Die Alt-Wiener Volkskomödie. Ihre Geschichte vom barocken Welttheater bis zum Tode Nestroys« (1952) gilt bis heute als Standardwerk und ist auch so geschrieben, daß man vergißt, es mit einem wissenschaftlichen Werk zu tun zu haben.

Daß sich die nachfolgenden Generationen an Rommels Taten reiben mußten, versteht sich von selbst. Reinhard Urbach beschließt sein höchst anregendes Buch »Die Wiener Komödie und ihr Publikum. Stranitzky und die Folgen« (Urbach 1973, 132) mit der Bemerkung, daß es sich gegen den wende, dem es am meisten verdanke: Otto Rommel. Auch die fünfzehnbändige Ausgabe, die er gemeinsam mit Fritz Brukner von 1924 bis 1930 herausgab, bedurfte der Revision. Wer sich aber heute mit dem Umfeld Nestroys und der Geschichte des Wiener Volkstheaters befassen möchte, wird bei Rommel nicht nur erste Orientierung, sondern stets temperamentvoll und kundig geschriebene Analysen finden, und die Intensivierung der internationalen Nestroy-Forschung seit den siebziger Jahren des vergangenen Jahrhunderts wäre ohne die bahnbrechenden Leistungen dieses Gelehrten nicht möglich gewesen.

Die Nestroy-Forschung erfreut sich heute eines bislang noch nie erreichten Standards: Zeugnis dafür ist die vor der

Vollendung stehende Ausgabe seiner sämtlichen Werke in 42 Bänden, eine hervorragende philologische Leistung, die seit geraumer Zeit auch von detailintensiven und aufschlußreichen Analysen flankiert wird. Die Ausgabe kann vielleicht als die eindrucksvollste und wichtigste philologische Leistung im 20. Jahrhundert gelten, die von Österreich ihren Ausgang nahm. Sie wurde von Gelehrten in Australien, Deutschland, Großbritannien und Österreich besorgt, kann nun als so gut wie vollendet gelten – eine Ehre, die kaum ein österreichischer Autor in diesem Ausmaß erfuhr, denn selbst der historisch-kritischen Ausgabe Grillparzers fehlt bis auf den heutigen Tag das so notwendige Gesamtregister.

Die Ausgabe berücksichtigt alle verfügbaren Überlieferungsträger, sie geht auf die Originalorthographie zurück, enthält die wesentlichen Informationen zur Wirkungs- und Entstehungsgeschichte und einen umfänglichen Sachkommentar, geht den sprachlichen Eigenheiten nach, verzeichnet die wichtigste Literatur zu jedem einzelnen Stück und bleibt trotz dieser erdrückenden Materialfülle übersichtlich und handlich. Dankbar registriert man, daß die von Nestroy verwendeten Quellen in den meisten Fällen auch im vollen Wortlaut wiedergegeben werden, so daß der Leser sich der Differenz von Vorlage und Endprodukt ohne großen Aufwand vergewissern kann.

Diese Ausgabe bedeutet nicht nur einen qualitativen Sprung für die Nestroy-Forschung, sondern erhebt, nicht zuletzt durch den philologischen Aufwand, Nestroy in den Rang eines Klassikers. So erfreulich diese Tatsache auch ist und eine Entwicklung vollendet, die mit Karl

Kraus begann, so gibt es doch Bedenken. Einerseits kann sich nicht nur die Forschung, sondern jeder interessierte Leser glücklich preisen, ein Instrument in der Hand zu haben, das ihm ein großes Werk verläßlich darbietet, andererseits scheint damit ein Endpunkt erreicht: Das Gewölbe hat seinen Schlußstein erhalten – und die Masse der Leser kann einziehen.

6. Was nun?

Was kann, was soll nach dieser Ausgabe noch kommen? Nun wäre es an der Zeit, aus dem Erkenntnisschub, den diese und auch die zahlreichen Einzeluntersuchungen mit sich brachten, endlich Gewinn zu schlagen. Das Telos dieser Bemühungen sollte ja nicht den Stillstand der Auseinandersetzung mit Nestroy bedeuten. Freilich wird sich die Diskussion am Leben erhalten; immer wieder kann man an einzelnen Problemen oder Fragestellungen herumbessern, da und dort ein neues Detail beitragen, das für alle an dem Autor Interessierten auch einiges Interesse zu wecken vermag. Aber die Frage, ob solche Unternehmungen wie eine große Ausgabe und/oder einige grundlegende Monographien, ja überhaupt der hohe in der Fachwelt vorhandene Wissensstand nicht so einschüchternd sind, daß sie allen außer den Nestroy-Forschern strenger Observanz eine Schreibhemmung auferlegen, da jede Unternehmung in diese Richtung a priori als dilettantisch abzuurteilen wäre, ist so unberechtigt nicht. Spezialistentum erzeugt in allen Fällen ein ebenso respektables wie kompaktes System; mögen innerhalb dessen auch Kontroversen bestehen, nach außen schottet es sich gegen Eindringlinge ab. Das ist durchaus verständlich, denn die Defizite in der Kompetenz werden bei diesen Versuchen dem Fachmann nur allzu bald spürbar; jeder, der sich länger auf ein Sujet eingelassen hat und sich daher als berufener Spezialist fühlt, kennt dieses Gefühl und auch die eigene Gereiztheit, wenn plötzlich ein Urteil von außen kommt, dessen Anmaßung die eigene Leistung irgendwie auf puerile Weise zu ignorieren scheint.

Auch wenn ich nun, so gut dies möglich ist, die Leistungen der Nestroy-Forschung zu berücksichtigen versuche, bleibt es doch schier unmöglich, diese in ihren Einzelheiten zu würdigen. Ich vermag nicht, mich den Begriffen zu entziehen, mit denen Nestroys Werk bislang bedacht wurde, um mein Glück mit einer völlig neuen Terminologie zu versuchen. Begriffe wie Volkstheater oder Satire, Posse oder Parodie sind unumgänglich, jedoch macht sich bei deren abundantem und mitunter auf Ausschließlichkeit zielendem Gebrauch Unbehagen bemerkbar, da das Werk sich just gegen diese Begriffe, mit denen man es bedenken und bedecken will, zur Wehr zu setzen scheint. Ähnlich steht es um die Zuordnungen in den Literaturgeschichten, die sich entweder damit begnügen, Nestroys Leistung aus den Gegebenheiten des Wiener Volkstheaters zu erklären und zu würdigen oder versuchen, ihn aus allen diesen lokalen Bedingtheiten zu entrücken und in einen größeren Zusammenhang zu stellen, mit dem er aus pragmatischer Sicht so gut wie nichts zu tun haben kann. Während sich auf der einen Seite der Maßstab aus der Vorgeschichte der Wiener Komödie (ein Terminus, der, nach Reinhard Urbach, dem vom Alt Wiener Volkstheater vorzuziehen ist) ergibt und die vergleichbaren Instanzen Hafner, Kringsteiner, Gleich, Meisl, Bäuerle oder Friedrich Kaiser heißen, reiht man ihn auf der anderen Seite kühn in die Komödientradition ein und läßt nur Vergleiche mit Aristophanes, Shakespeare, Molière und Brecht zu. Vor eine ähnliche Aporie sieht sich jeder Aristophanes-Forscher gestellt, der einerseits das Lokale, die spezifischen Voraussetzungen der Polis zu berücksichtigen hat, um zu einem Textverständnis zu gelangen, der andererseits aber sehr wohl um die weltliterarische Dimension des Œuvres besorgt sein muß. Ähnlich verhält es sich bei Nestroy, bei dem von den lokalen Voraussetzungen nicht abgesehen werden darf; zugleich aber wäre es bedenklich, ihn in einem fort auf diese Voraussetzungen zu reduzieren. Mit Sicherheit würde Sengle die Stirne runzeln, stellte man Nestroy neben Gogol oder Baudelaire, doch angemessen ist ein solches Verfahren, wenn sich dafür und im weiteren auch dadurch Evidenzen herstellen lassen, mit deren Hilfe es möglich ist, einen Intertext zu erzeugen, der sich dem beharrlich betriebenen Spiel der Erforschung nachweisbarer Einflüsse entzieht.

7. Dings da

Die Stücke Nestroys scheinen sich den landläufigen Interpretationsverfahren querzulegen; sie nehmen ihren Ausgang verständlicherweise vom Inhalt, um diesen letztlich ganz in dem aufgehen zu lassen, was man als Gestaltung oder ideelle Substanz bezeichnen könnte. Nestroys Dramentexte widersetzen sich jeder gehobenen Form der Paraphrase. Je mehr man sich auf das Inhaltliche oder Moralische seiner Stücke einläßt, um so mehr entfernt man das daraus, was den Reiz dieser Texte ausmacht und liefert sie im besten Falle einem Literaturverständnis aus, das am Ende eine handfeste Moral schwarz auf weiß nach Hause tragen möchte. Kraus' Reserve gegen jeglichen Zugang dieser Art wird verständlich, und wenn in dem nun Folgenden doch immer wieder eine Annäherung an Nestroys Texte unternommen wird, so nicht zuletzt aus dem Bewußtsein heraus, daß der Versuch mißlingen muß. Aber von diesem Mißlingen kann man sich Einsichten versprechen, die sich wahrscheinlich nicht einstellen, wenn man sich des Gelingens eines solchen hermeneutischen Verfahrens im vorhinein sicher wäre. Ausgangspunkt ist daher nicht die Absicht, Stimmigkeiten dort zu entdecken, wo sie nicht vermutet werden können, sondern vielmehr die Einsicht, daß die Poetik Nestroys sehr wohl ihre Gesetzlichkeiten kennt, diese aber von Mal zu Mal neu zu konstituieren sucht. Mit anderen Worten: Ehe man auf das aus ist, was sich als typisch für den Autor erweisen sollte, gilt es, die Verschiedenheit seiner Verfahren zu erfassen und statt gewaltsam eine Synthese herzustellen, in die Richtungen zu blicken, in die das Werk auseinanderstiebt.

Es ist daher ratsam, nicht mit dem einzusetzen, was gemeinhin für das Zentrum angesehen wurde und schon früh die Bewunderung weckte, also mit der Periode von 1840 bis 1846, die mit dem »Talisman« (1840) beginnt, zu der »Das Mädl aus der Vorstadt« (1841), »Einen Jux will er sich machen« (1842) sowie »Der Zerrissene« (1844) gehören und die mit »Der Unbedeutende« (1846) endet. Diese Stücke sind – sieht man einmal vom frühen »Lumpacivagabundus« ab – auch heute noch für Schauspieler und Regisseure die dankbarsten; zudem sorgen just sie noch am ehesten für eine positive Moralbilanz und liefern auf jeden Fall ein argumentativ einsetzbares Sinnpotential. Im Zusammenhang mit der Besprechung von »Der Zerrissene« soll darauf noch genauer eingegangen werden.

Ich möchte daher mit einem Stück beginnen, das jeden, der auf der Suche nach einer Sinnfindung ist, verzweifelt entläßt, was meist mit dem Verweis entschuldigt wird, es sei ein Frühwerk.

»Der gefühlvolle Kerckermeister oder Adelheid die verfolgte Wittib« ist auch historisch gesehen für Nestroys Entwicklung von Bedeutung: Es ist sein erstes Werk, dessen Premiere vor einem Wiener Publikum stattfand, und zwar am 7. Februar 1832; die früheren Stücke waren zum ersten Mal in Graz und Preßburg gegeben worden.

Schon der Untertitel verrät, daß wir es hier mit einem Potpourri zu tun haben: »Gesprochene und gesungene Parodie eines getanzten Dramas, mit Verwandlungen,

Gruppierungen, Äußerungen, Muthmaßungen, Einsperrungen, Entführungen, Maltraitierungen, Rettungen, Dings da, und allen Erdencklichen was Sie sich selbst wünschen [,] in 3 Aufzügen.« (SW 2, 5) Solch karikierender Titelprunk war schon von Stranitzky und Kurz-Bernardon zu haben. Wenn das Publikum durch die Worte »was Sie sich selbst wünschen« in seine Rechte gesetzt zu sein scheint, so ist das nicht bloß eine Werbeformel, sondern soll auch die aktive Teilnahme der Zuschauer stimulieren. Zugleich verbindet sich mit dem Themenmenü der Anspruch auf universale Erledigung des Parodierten: Übrig bleibt nur noch »Dings da«. Dies erfolgt schon, ehe der Vorhang aufgeht – noch bevor der Prozeß der Parodie überhaupt einsetzt, ist das Parodierte nichtig. Der Untertitel höhlt den parodierten Gegenstand so aus, daß er nicht einmal mehr der Parodie würdig erscheint.

Bekannt ist, wie schnell Nestroy mit seinen Parodien zur Hand war: Die Uraufführung des Balletts »Adelheid von Frankreich« fand am 5. Jänner 1832 im Hoftheater nächst dem Kärntnertore statt (SW 2, 164), einen Monat später war Nestroy mit dem »Gefühlvollen Kerckermeister« zur Stelle. Es geht hier nicht darum, die Vorlage aus den Rezensionen zu erschließen und die Elemente zu benennen, auf welche sich die Parodie bezieht. Anzumerken ist, daß auch schon das Ballett »Adelheid von Frankreich« Elemente enthielt, die den Sinn der Kritiker fürs Komische herausforderten. So wenn der Rezensent der *Wiener Zeitschrift für Kunst, Literatur, Theater und Mode* sich auf Campilli, den Darsteller des Tyrannen Berengar, bezieht und meint, daß dieser zwar »von der Natur zur Darstellung von Charakteren, wie Berengar, nicht wenig begünstigt« sei, »doch scheint«, wie er weiter ausführt, »seine Haltung (namentlich die stets eingebogenen Knie) nicht immer der Würde und Männlichkeit angemessen, die wir an Erscheinungen solcher Art am wenigsten vermissen dürfen«. (SW 2, 160)

Zum Verständnis von Nestroys Parodie kurz der Inhalt des Balletts nach dem Theaterzettel: Berengar, der Markgraf von Ivrea, hat seinen noblen Erretter Lothar hinrichten lassen und ist nun unverfroren genug, dessen Witwe Adelheid zur Ehe zwingen zu wollen; ein Gesandter des deutschen Königs Otto erscheint, um Adelheid zu schützen. Adelheid wird in einen Kerker gesperrt, allerdings von einem treuen Untertanen befreit. Sie und ihr Sohn entkommen, »erreichen die einsame Wohnung eines Fischers, wo sie neuerdings in die Hände ihrer Feinde gerathen«. (SW 2, 152) Allerdings rückt Otto mit seinem Heer heran, Berengar wird geschlagen, Adelheid wird befreit und besteigt den Thron.

Nestroy rückt nicht die Haupt- und Staatsaktion in den Vordergrund, sondern macht den Kerkermeister, der sich Adelheids erbarmt, zur Hauptfigur – eine dankbare Rolle für Karl Carl. Der Kerkermeister erhält – im Unterschied zur Vorlage – auch einen Namen, Seelengutino; in der Rolle seines Sohnes Dalkopatscho konnte Nestroy brillieren. In der Namengebung scheint Nestroy ganz mechanisch vorzugehen: Die Endung -ino, -io oder -o wird an ein deutsches Wort angefügt, und schon steht das Personal: Neben Seelengutino gibt es Bubino, Flegelino, Sputzifurino, Glachelio, Krakelio, Mehlsacko und Pumpfo. Der Rezensent im *Sammler* erkannte – aus unserer Sicht völlig zu Recht –, daß es sich hier nicht um eine Parodie im strengen Sinne handeln könne: »Die Parodie wird und kann nur dann ihrem Zwecke entsprechen, wenn tragische Verhältnisse in gemeine Formen gepreßt, und dadurch ein greller Contrast gebildet wird, aus dem das Komische von selbst hervorgeht.« (SW 2, 195) Das läßt sich auch anders ausdrücken: Das Komische dieses Stükkes ergibt sich nicht aus dem »Contrast«, sondern wird auf andere Weise erzeugt. Derselbe Rezensent etikettiert das Ganze daher als »Karrikatur«. Trotz der Anerkennung, die er sonst der Leistung Carls entgegenbringt, ist damit doch auch eine Abwertung verbunden: Die Parodie steht doch über der Karikatur, die sich nur in der »Verzerrung anmuthiger Gruppen und Stellungen mit ängstlicher Genauigkeit vollbracht« ergeht. (SW 2, 195)

Nestroys »Gefühlvoller Kerckermeister« bezieht sich auf ein Ballett; der parodistische oder karikaturistische Effekt kam daher vor allem in der Aufführung zur Geltung und ist für uns so gut wie nicht mehr rekonstruierbar. Dafür bleibt der Text Nestroys, und dieser kann in der Gegenwart zu einer anderen und neuen Geltung kommen, die er vor dem Erwartungshorizont im Wien von 1832 nicht hatte. Es finden sich Szenen, denen im Lichte der modernen Literatur überraschend Qualitäten zuwachsen, so daß dieses frühe Werk nicht nur als ein Schritt in der Entwicklung zum späteren Werk zu gelten braucht, sondern einmal für sich selbst genommen werden sollte.

Überhaupt erweist sich bei der Bewertung eines Autors die Annahme einer organischen Entwicklung als verhängnisvoll: Offenkundig wird das Gesamtwerk von der Annahme einer klassischen Mitte, die ein Optimum zu repräsentieren habe, gewertet. Was davor liegt, erscheint unter der Signatur des »Noch nicht«, was danach, unter der des »Nicht mehr«. So scheidet auch in den meisten Monographien zu Nestroy das Frühwerk vor dem »Lumpacivagabundus« (1833) aus, wie auch dem Spätwerk nach 1848 eine viel geringere Aufmerksamkeit zuteil wird. Im Frühwerk – und das gilt nicht nur für Nestroy – sucht man gerne die Keimzellen dessen zu entdecken, was später zur Entfaltung kommt und das Eigentliche an einem Werk auszumachen imstande ist. Bei Nestroys frühen Stücken – den »Lumpacivagabundus« eingeschlossen – scheint es mir jedoch viel eher angebracht, von einer Werkstufe zu sprechen, deren Ansätze einerseits viel nachhaltiger als die späteren Stücke auf die Tradition des Wiener Volkstheaters zurückverweisen, die aber andererseits vom Autor selbst nicht weitergeführt wurden.

Im »Kerckermeister« folgt Nestroy – so viel ist gewiß – im Handlungsverlauf ziemlich genau der Vorlage und entspricht in dieser Hinsicht der Gattung der Parodie. Doch entstehen die komischen Effekte eben nicht aus diesem parodistischen Kontrast, der die Anlehnung an die Vorlage zur Bedingung hat, sondern aus dem von Szene zu Szene neu hergestellten Pathos, das zum Lachen verleiten soll. Adelheid gibt sich gleich zu Beginn als untröstlich und beschwört die Harmonie mit ihrem ermordeten Gemahl: »Selten treffen sich so gleichgestimmte Gemüther wie ich und der meinige waren.« Überzeugt antwortet sie auf die zweifelnde Frage einer Frau, ob das denn auch gestimmt habe: »Wie wier gestimmt waren, das hat die ganze Nachbarschaft g'hört.« Das ist natürlich eine Vorgabe für den ätzenden Kommentar der Frau aus dem Volke: »Ich glaub's, das war oft ein Gschrey.« Auch die Keuschheit im Witwenstand läßt sich nur mit dem Oxymoron eines definitiven Provisoriums charakterisieren: »Ha, und ich wollte dem Verblichenen treu bleiben, ewig, oder wenigstens so lang bis ich einen nach mein *Gusto* g'funden hätt'.« (I 1; SW 2, 8 f.)

Der Dialog zwischen Adelheid und Berengario wird auf zwei Ebenen geführt: Auf der einen spricht die Witwe als gekränkte Frau im hohen Stil der Tragödie, auf der anderen verfällt sie in den Tonfall der auf ihren Vorteil bedachten und streng kalkulierenden Hausfrau. Berengario hat zuviel gezahlt für den Stoff des Brautkleides:

»ADELHEID: Männer werden immer ang'schmiert in die G'wölber. *(Im vorigen Ton)* Wagst du es die Wittwee des Gemordeten [-]

BERENGARIO *(auf das Muster zeigend):* Soll ich's austauschen?« (I 2; SW 2, 9 f.)

Ein solcher Wechsel der Töne war im Volkstheater nicht unüblich; neu ist bei Nestroy das Tempo, mit dem er durchgeführt wird. Diese Figuren können nicht mit sich selbst identisch sein: Die Maria Stuart Schillers ist bei allen Widersprüchen ihres Charakters doch eine in sich kompakte Gestalt, die nicht aus der Rolle fällt. Nestroys Figuren ist diese Geschlossenheit versagt; sie fallen stets aus der Rolle, die sie sich selbst oder die ihnen die anderen auf den Leib geschrieben haben. Sie sind Kunstfiguren, die sich von Augenblick zu Augenblick wandeln können und wandeln müssen. Gerade dadurch bricht Nestroy die Spielregeln der Parodie, indem er die Figuren in ihrer Doppelexistenz beläßt und sie einmal mit der Stimme der Vorlage, einmal mit der der Parodie sprechen läßt. Seelengutino, der »gefühlvolle Kerckermeister« selbst, ist ein Musterbeispiel für eine in sich gespaltene Figur: Auf der einen Seite kehrt er sein Mitgefühl hervor, zum anderen sind ihm heftige Formulierungen nicht fremd. Da sein Sohn Dalkopatscho sich so verhält, wie es seinem Namen entspricht, droht er ihm: »Still, oder ich schlag dich nieder.« (I 13; SW 2, 30)

Die meisten Szenen dienen dazu, die Fragwürdigkeit jeder Bühnenillusion drastisch vor Augen zu führen. Der Gesandte G'schicktus tritt mit einem großen Brief auf, den er an die Brust geheftet hat: Der Brief, den er ausdrücklich als ein geheimes Schreiben bezeichnet, wird ihm von Berengario entrissen, worauf er klagt: »Meine Vorsicht, mit der ich den Brief verwahrte, war umsonst.« (I 5; SW 2, 12)

Briefszenen sind integraler Bestandteil nahezu eines jeden Dramas, ein bequemes Mittel, der Handlung Impulse von außen zu geben. Nestroy läßt dieses Mittel nicht ungenützt, allerdings verwandelt er es, indem er diese Briefszenen einsetzt, nicht um Kommunikation, sondern um Konfusion herzustellen. Wie scharfsichtig wiederum er die so platte dramaturgische Funktion dieses Mittels durchschaute, geht aus »Die Zauberreise in die Ritterzeit« hervor: Einem »6 Schuh hohen« Brief – also noch ein gutes Stück größer als der im »Gefühlvollen Kerckermeister« – entsteigen gleich zwei Figuren, der Herr von Geldsack und die Frau von Ducatenstein. (Vorspiel 1; SW 4, 11 f.)

Eine Untersuchung der Briefdramaturgie Nestroys kann den Blick auf seine effektvolle Auseinandersetzung mit der Erzeugung von Bühnenillusionen lenken und zugleich die innovative Kraft seines parodistischen Ansatzes erhellen. Im »Gefühlvollen Kerckermeister« wird dadurch der Unterschied zwischen der Sprachhandlung und dem tatsächlichen Vorgang auf der Bühne kraß bewußt gemacht: Der alberne Gesandte Gschicktus behauptet in seiner Rede genau das Gegenteil von dem, was tatsächlich zutrifft: Er hat den geheimen Brief öffentlich gemacht. Hier wird – wenngleich nur im Ansatz, so doch deutlich – erkennbar, wie sich die Sprache »Gedanken über die Dinge« zu machen beginnt.

Natürlich scheitert die Rettungsaktion Seelengutinos, doch sein Einsatz wird belohnt: Krebse zwicken mit ihren Scheren Berengario und seine Meute: »Verdammt was ist denn das o weh,!/Die Krebsen zwicken uns oje!/O weh! o weh! o weh!« (II 17; SW 2, 53)

Diese Rettung ist vorhersehbar, und wo alles vorhersehbar ist, ist es so gut wie unmöglich, dramatische Spannung aufzubauen. Der dritte Akt führt nun eine Figur ein, die die Zerstörung der dramatischen Spannung geradezu systematisch betreibt: Es ist dies ein »alter Greis«, ein »weisser Bewohner einer schwarzen Höhle«. (SW 2, 6) Man mag in ihm den Vorläufer aller jener furchtbaren Hausknechte erkennen, die als Spezialisten des passiven Streiks jede Aktivität souverän zum Erliegen bringen. Doch trifft dies nur einen Teil dieser Rollenkapazität, denn dieser Greis hat sich durch seine Sprache als eine Instanz etabliert, die vor allem von ihr selbst respektiert wird. Die Figur ist als

Tautologie konzipiert – ein »alter« Greis, dessen Sätze ihre Autorität davon herleiten, daß sie die kaum variierte Wiederholung des bereits Gesagten sind.

Er erscheint als Sinnbild der Immobilität, ja mehr noch: Er avanciert zum selbsternannten Repräsentanten des Schicksals. In seiner Selbstvorstellung wird der Widersinn dieses Lebens in die Formeln des Sinns gekleidet, denn es scheint nur allzu selbstverständlich, daß ein Mensch, der sein Leben lang Ruhe gegeben hat, diese endlich im Grabe auch finden müßte:

»Hier sitz' ich nun schon 60 Jahre, ich geh auch bisweilen auf und ab. Noch habe ich nicht das Geringste gethan, ich werde auch nichts thun, und so hoffe ich mein thatenreiches Leben zu beschließen. Mein ganzes Leben war Ruhe, und so hoffe ich endlich im Grabe Ruhe zu finden. Dann wird den späten Enckeln noch ein Stein auf meinem Grabe sagen:

Hir liegt ein Greis,

Von dem kein Mensch was weiß.« (III 1; SW 2, 54)

Das ist ein Vorläufer jenes Kaisers Rudolf II., den Grillparzer auf dem Hradschin über die Problematik des Handelns nachsinnen läßt, das ist ein Verwandter jener schlafenden Götter Richard Wagners, die den Dingen ihren Lauf lassen, die sich ihrer Macht und Verantwortung nur in einer Art Dämmerzustand bewußt sind. Wenn es auf das Handeln ankommt, haben sie ihre eigenen rhetorischen Strategien entwickelt, mit denen sie zu überzeugen versuchen. Da der Greis weise ist, verspricht man sich von ihm »Schutz und Hülfe«. So auch Seelengutino, und der Greis sichert ihm auch beides auf eine Weise zu, die ihn als Mittler erscheinen läßt, der mit geradezu priesterlicher Autorität ausgestattet ist: »Der Himmel wird euch schützen, das Schicksal wird euch helfen, und so will ich euch beydes gewähren.« (III 2; SW 2, 56)

Das rückt diesen Greis ganz in die Nähe des Fatums, das Nestroy in »Die Familien Zwirn, Knieriem und Leim« (1834) auftreten lassen wollte: Die Stelle wurde für die Aufführung gestrichen, denn offenkundig waren die Parallelen zu den Zuständen im Wien des Vormärz zu augenfällig. Der Feenkönig Stellaris wird bei seinem Onkel, dem Fatum, vorstellig:

»FATUM: Wer stört das Schicksal in seinem wichtigsten Geschäfte?

STELLARIS: Ich, dein Neffe, habe es gewagt. Laß dir erzählen, in welcher Angelegenheit wir deiner Hilfe bedürfen.

FATUM: Ich weiß alles. *(Vortretend, für sich)* Ich weiß gar nichts, aber ich bin viel zu faul, die ganze Geschichte anzuhören. Es ist etwas Prächtiges, das Schicksal zu sein, man tut rein gar nichts, und am Ende heißt es bei allem, was geschieht, das Schicksal hat es getan.« (I 5; SW 8/I, 14)

Und das Fatum beantwortet die Frage des Stellaris, ob die Flehenden hoffen dürfen, mit einer Trägheit, die jedes Prinzip, das auf die Hoffnung setzt, zur Farce werden läßt: »Ja, ja, hofft nur zu!« So sieht die Weltregentschaft aus; diese Herren sind mächtig und lächerlich in einem; deutlicher läßt sich auf der Komödienbühne der Zweifel an allen überirdischen Instanzen und damit auch die Skepsis an der Schöpfung nicht darstellen.

Der Greis ist von irdischen Gütern so gut wie unabhängig, doch das leuchtet Seelengutino nicht gleich ein. Er verweist auf die schöne Wohnhöhle des Greises und meint, daß in der Stadt der Zins beachtlich sein müßte, worauf der Greis erwidert: »Ich bezahle gar keinen Zins.« Die nun folgende Dialogpartikel ist eines der schönsten Beispiele für die Unsinnspoesie, die aus der Sprachhandlung erwächst und zugleich einer unwiderstehlichen Logik gehorcht. Auf die Mitteilung hin, daß der Greis gar nichts bezahle, schiebt Seelengutino die Frage nach: »Gar nichts? Halbjährig oder vierteljährig?« Worauf der Greis repliziert: »Täglich.« Und Seelengutino resümiert: »Macht doch was aus in ein Jahr.« (III 2; SW 2, 56) Die Vervielfachung des Nichts ergibt eine beachtliche Summe, und es ist an sich gleichgültig, ob man halb- oder vierteljährlich oder gar täglich diesen Zins zahlt.

Nestroys Kunst liegt darin, daß er mit einer solchen Nichtigkeit dramaturgischen Staat machen und durch das greisenhafte Nichthandeln die Aktion vorantreiben kann. Als es wirklich gefährlich wird und Berengario mit der Schar der Verfolger die Flüchtigen bedroht, plappert der Alte alles nach, was die andern sagen und gibt es als seine eigene Meinung aus. Als man in der höchsten Not Fischer zur Hilfe herbeiholen möchte, sagt der Greis: »Das war gleich Anfangs meine Meinung.« Seelengutino ist mit Grund empört, da der Rat so lange zurückgehalten worden war, und der Greis auf diese Anschuldigungen um keine Antwort verlegen ist: »Ich wollte, daß Ihr selbst darauf kommen sollt.« (III 7; SW 2, 61)

Die Autoritäten sind träge und listig, sie sind zugleich

hilflos und gleichgültig. Die überlieferten Rezensionen der Aufführung sind im allgemeinen positiv, nur von einer wird das Stück als unsäglich trivial und symptomatisch für den elenden Zustand der Schaubühne bezeichnet. Ist man hingegen durch die Schule des absurden Theaters gegangen, hat man Karl Valentins Dialoge im Ohr, so wird man diese eklatante Banalität der Dialoge und der Reden anders beurteilen. Das ist kein Vorgriff auf das absurde Theater oder auf die dramatischen Versuche der Avantgarde wie etwa bei Konrad Bayer oder H.C. Artmann, sondern das *ist* absurdes Theater, das *ist* Avantgarde. Was sich als »Charakterkarikatur« anläßt (SW 2, 198), enthält in der Gestalt des Greises eine Dimension, die weit über das Farcenhafte hinauswächst. Der Greis verkörpert einen unheimlichen Stillstand, an dem sich das Theater abarbeiten muß, er verkörpert auch eine Autorität, die sich in Bestätigungen oder in Tautologien ergeht.

Das Stück endet mit einem Klamauk. Berengario scheint zunächst zu triumphieren, doch Krotto, der Kleine mit dem großen Bart, tritt auf und versenkt den Unhold mitsamt seinen Schergen; ein Ende so einfach, so mühelos, herbeigeführt, ohne auch nur die Andeutung einer zwingenden Entwicklung zu machen, die dorthin führen hätte müssen.

Der Schauspieler Nestroy ist in diesem Stück nicht die »Zentralfigur«, deren Funktion Jürgen Hein scharfsichtig dargelegt hat (Hein 1970, 149 – 151): Er hat das Zentrum Karl Carl überlassen, sich aber klug in die Figur des Dalkopatscho eingekleidet. Allerdings ist dieser Held noch keineswegs so wortgewaltig wie die Zentralfiguren der späteren Stücke. Aber auch in der älteren »Verbannung aus dem Zauberreiche« darf sich Longinus viel ausführlicher in seinem Auftrittsmonolog entfalten; dasselbe gilt auch für Ramsamperl in »Nagerl und Handschuh«. Dalkopatscho erhält seinen Solo-Auftritt und sein Lied erst im dritten Akt, die wenigen Worte, die er zu sprechen hat, haben jedoch Gewicht. Dalkopatscho liebt Adelheid, wähnt sich auch ihrer Liebe sicher, und da sie ihm den Korb gibt, will er liebevoll sein und ruft ihr drohend nach: »Flieh nur Schwärmerinn! Mir entgehst du nicht. Ich bin schon so ein Kerl, ich hab' schon 's Glück bey die Frauenzimmer. Mir kommt selten eine aus, äußerst selten.« (III 6; SW 2, 59) Er ist eine der ersten unglücklichen Amanten Nestroys, eine jener Figuren, die zwischen Anmaßung und Bescheidenheit, zwischen Unter- und Überschätzung der eigenen Fähigkeiten schwanken, sich ganz klein machen, um dann wieder ganz groß zu sein. Mit diesen Worten stellt er sich in eine Reihe zu den abgeblitzten Liebhabern des Volksstückes; so spricht auch in Ödön von Horváths »Geschichten aus dem Wiener Wald« der Fleischhauer Oskar zu seiner Marianne mit einer Sentimentalität, die die darin versteckte Brutalität kaum verbergen kann: »Mariann […] du entgehst mir nicht« – eine Ankündigung, die sich im Finale auf beklemmende Weise verwirklichen soll, als Marianne keine andere Wahl bleibt, als ihrem Oskar um den Hals zu fallen. (Horváth 1972, 191; 251)

»Der gefühlvolle Kerckermeister« nimmt im Frühwerk eine Ausnahmestellung ein, die nicht zuletzt davon herrührt, daß das Stück als Parodie auf ein Ritterdrama angelegt und der Geisterapparat daher so gut wie ganz entbehrlich war. Das weist voraus auf jenen Nestroy, der auf das Eingreifen überirdischer Mächte verzichtet, zum anderen weist dieses parodistische Verfahren zurück auf die Theatertradition, zumal auf Kurz-Bernardon, in dessen »Prinzessin Pumphia« (1756) der gewaltsame Held zutiefst lächerlich gemacht wird. Aber in Nestroys »Gefühlvollem Kerckermeister« ist Berengario nicht viel mehr als ein wütender Haustyrann, dem jede Dimension des Heldischen abgeht; der Retter Krotto wiederum ist klein, das Heldenmaß Ottos des Großen muß über Gebühr verkürzt werden.

Es wäre vergeblich, den Bagatellcharakter des Stückes zu leugnen und der Handlung oder dem Dialog den Tiefsinn abzupressen, den das Stück mit nahezu jedem Satz und jeder Szene denunziert. Die Komödie verweigert sich solchen Maximen, die Grundlage einer allgemeinen Gesetzgebung werden könnten, ja sie spart sogar all das aus, was als echter Konflikt gelten könnte. Man hat es nicht mit Charakteren zu tun, sondern mit Figuren, die als Marionetten über keine eigene Sprache verfügen. Jeder satirische Anspruch, der sich an einer elenden Wirklichkeit mißt, ist in dieser Welt des totalen Spiels verspielt. Die Empörung jener, die die Literatur und vor allem das Theater in ein umfassendes Bildungskonzept eingebaut wissen wollen, ist angesichts solcher komödiantischer Exkurse in die unpädagogische Provinz des Possenhaften verständlich, setzt sie doch auch beim Leser oder Zuschauer die Bereitschaft voraus, sich auf dieses Spiel einzulassen und die Frage nach dem Zweck hintanzustellen. »Der gefühlvolle Kerckermeister« ist das unbeschwerteste, da von jeder Zweckhaftigkeit am meisten befreite Stück des frühen Nestroy. Das parodistische Element geht auf in der Freiheit des Spiels, und der Leser oder Zuschauer vergißt völlig, daß sich das Stück auf ein anderes bezieht. Und so demonstriert Nestroy bereits an diesem Beispiel, wie unabhängig er sich von den Vorlagen macht, auf die er doch als unentbehrliche Stofflieferanten angewiesen war.

Aber auch diese Bagatelle Nestroys hat es in sich. Sie läuft letztlich auf die Befreiung aus einem Gefängnis hinaus; mit Grund hat Ulrike Längle auf die Parallelen zu Beethovens »Fidelio« verwiesen, und wenn man weiß, daß Nestroy »1822–23 die Rolle des Fernando siebenmal im Theater nächst dem Kärntnertore, 1824–25 die des Pizzarro zehnmal in Amsterdam gesungen« (SW 2, 197) hat, so sind diese Querbezüge sachlich begründbar. Das Pathos, mit dem Tyrannenmacht verurteilt und die Sehnsucht nach Freiheit beschworen wird, hat keinen Platz auf der Bühne des Volkstheaters, sehr wohl aber vermag es den Schrecken und die Bedrohung im Spiele zu bannen. Die Komik, die sich aus der Absurdität des Verhaltens nahezu aller Figuren ergibt, ebnet die Unterschiede zwischen Gut und Böse ein. Es gibt kein Gutes, aber auch kein Böses, das ernsthaft gefährlich werden könnte. »Allons Marsch, Bösewicht,« mit diesen Worten vertreibt Krotto ohne viel Aufwand Berengario. (III 10; SW 2, 63) Der Bedrohung der Freiheit, sei es durch einen Tyrannen wie Berengario, sei es durch Einkerkerung, wird die Komödie als ein Schutzschild entgegengehalten. Und das bekommt mit Blick auf die Napoleonischen Kriege, das Metternichsche

System und den Spielberg bei Brünn doch ein anderes Gewicht. Auch Büchners »Leonce und Lena« wurde oft gewogen und für zu leicht befunden; doch so wie die Komödien Nestroys ist auch dieses Lustspiel, das so unbeschwert sein will, eine Antwort auf den Anspruch der Macht, indem es sich im Spiel einen Ort sichert, der dieser nicht mehr zugänglich ist. Die bei Büchner vom Narren Valerio am Ende verkündete Zukunftsvision entspricht in ihrem utopischen Charakter den Schlußtableaus der Stücke des Wiener Volkstheaters, einer Konvention, der Nestroy sich mit ironisch-kritischem Behagen beugte. Wenn Adelheid im Schlußgesang von ihrem Krotto sagt, daß er nicht sehr schön ist (III Schlußgesang; SW 2, 64), sich aber doch zufriedengibt, weil sie einen Mann und viel Geld hat, so wird damit deutlich, wie Nestroy zwar auf Distanz zu allen ungetrübt optimistischen Schlußperspektiven ging, aber auch der Kompromißbereitschaft Raum gewährte, um wenigstens am Ende ein Unisono der positiven Kräfte herzustellen.

8. Schmafu

»Der gefühlvolle Kerckermeister« unterscheidet sich im Personal wesentlich von den frühen Stücken Nestroys, in denen er der Geisterwelt und den in dieser beheimateten Allegorien tragende Funktionen einräumte. Daß diese Allegorien ein wesentliches Indiz für den Traditionsbezug Nestroys sind, steht außer Zweifel. Hier wird am ehesten das erkennbar, was gemeinhin als »Barocktradition« bezeichnet wurde, ein Begriff, der vor allem von Otto Rommel in die Debatte eingeführt wurde und der mit Grund nicht unumstritten ist, weil er einerseits das österreichische Volksstück auf einen bestimmten Zusammenhang festlegt, andererseits aber auch eine ungebrochene Kontinuität über rund 200 Jahre suggeriert.

Die Allegorien sind in der Tat ein fester Bestandteil des Wiener Volkstheaters, und in ihnen scheint sich zumindest ein im Barock außerordentlich beliebtes Darstellungsmittel erhalten zu haben. Zum anderen sollte nicht vergessen werden, daß die Allegorien, obwohl von vielen – wie zum Beispiel von Hegel – als abgenutzt, spröde und zu mechanisch abgelehnt, sich erhalten konnten. Sie schienen eine geringe poetische Einbildungskraft zu verraten und hatten ihren Rang an die mehrdeutigen und schwerer auflösbaren Symbole verloren. Eine symbolische blaue Blume, deren Kraft unerklärlich, aber doch vorhanden ist, hat etwas ungleich Anziehenderes als die Allegorie des Frühlings in Gestalt eines schönen Mädchens, das mit Blumen bekränzt ist. Ihre Verwendung in der populären Literatur legte nahe, daß es sich um ein triviales Mittel handelte, und schadete ihrem Renommee. »Sie ist die leichteste Gattung des bildlichen Witzes, so wie die gefährlichste der bildlichen Phantasie«, befand Jean Paul in seiner »Vorschule der Ästhetik«. (Jean Paul 1963, 189) Für ihn ist die Allegorie obsolet, doch weiß er, daß sie als Mittel unhintergehbar ist. Die ambivalente Haltung zur Allegorie um 1800 veranschaulicht am schönsten Jean Pauls Selbstpersiflage, worin er zugleich seine

Skepsis an der Allegorie wie ihre verführerische Kraft charakterisiert:

»Sogar Herder, so ganz Blume und Flamme, trieb selten die Blume der Metapher zum Gezweige der Allegorie auseinander. Klopstock hingegen steht mitten in der harten, knochigen, athletisch magern Prosa seiner Gelehrten-Republik und seiner andern grammatischen Abhandlungen oft vor einer gewöhnlichen Metaphern-Blume still und zieht ihre Blätter und Staubfäden zu einer Allegorie auseinander und bestreut mit deren Blumenstaube die nächsten Perioden. – Hier hab' ich selber über die Allegorie allegorisch gesprochen; indes (es warne mich und jeden!) nicht sonderlich.« (Jean Paul 1963, 191)

Bei dem Mummenschanz in Goethes »Faust II« treten allegorische Gestalten auf; sie sind jedoch Rätselfiguren und nicht so fest umschrieben wie die Allegorien des Barock. Dem Herold schaudert vor diesen Figuren, da er sie nicht benennen kann, und er bringt das Problem, das alle Interpreten des »Faust« haben, auf eine hübsche Formel: »Die Bedeutung der Gestalten / Möcht ich amtsgemäß entfalten.« Doch der Knabe Lenker treibt das Spiel weiter; man solle die Figuren nur beschreiben: »Denn wir sind Allegorien / Und so solltest du uns kennen.« (Goethe 1994, 232) Goethe spielt souverän mit der Allegorie, indem er sie als neue Rätselfiguren auftreten läßt, zugleich aber so tut, als müßte man sie – sie sind ja fester Bestandteil des Bildungsgutes – erkennen. In einem wertet er die Allegorie auf, indem er sie als Deutungsmuster für so entscheidende Prozesse wie die Schaffung des Papiergeldes heranzieht; da tritt Plutus, der Gott des Reichtums, auf und auch der Geiz, eine allegorische Figur also, hinter der sich, so wollte es Goethe, Mephistopheles verbergen sollte: Der Text selbst schweigt sich darüber aus.

Das Wiener Volkstheater ist weit entfernt von einer so komplexen Verwendung der Allegorie; eine solche käme sowohl ihren dramaturgischen wie didaktischen Anliegen in die Quere. Raimund bediente sich dieser Allegorien in einem völlig naiven Sinne, und er bedurfte ihrer, um jene Konflikte in der überirdischen Sphäre in idealtypisch ausgeprägten Kontrasten zur Austragung zu bringen: Jugend und Alter treten in »Das Mädchen aus der Feenwelt oder Der Bauer als Millionär« einander gegenüber, zwei Genien, die sowohl Alter und Jugend repräsentieren, zugleich aber auch Abspaltungen vom Wesen des Bauern Fortunatus Wurzel sind, den sie abwechselnd durch das Leben geleiten. Raimund kennt den Neid, den Haß, die Zufriedenheit, die Phantasie; der Alpenkönig Astragalus verkörpert schließlich den idealen josephinischen Herrscher und zugleich auch alle positiven Naturgewalten. Es sind keine Naturgeister im landläufigen Sinne, sondern vielmehr Personifikationen mit klar umrissenen Kompetenzen und eindeutigen Attributen. Sie sind auch ein wirksames Mittel, um seelische Vorgänge auf der Bühne anschaulich zu machen.

Nestroys Allegorien in den Frühwerken sind nicht einfach Versatzstücke aus dem Theaterfundus, auch wenn sie sich der überlieferten Attribute ohne Scheu bedienen. So tritt in »Die Verbannung aus dem Zauberreiche oder Dreißig Jahre aus dem Leben eines Lumpen« (1828) ein »Genius der Zeit« auf. Dieser scheint mit den Beigaben versehen, die in den Handbüchern der Allegorik und Mythologie ebenfalls zu haben waren, und er wird beschworen, um ein Mittel zur Besserung des liederlichen Longinus zu bringen:

»Der Genius der Zeit senkt sich von oben herab, auf einem Wolkenthrone sitzend – sein *Costume* ist so, wie in der Mythologie das des Saturnus bezeichnet ist. In der Hand hält er eine Sense, zu seinen Füßen ist eine große Schlange, das Symbol der Ewigkeit, in einen Kreis zusammen gebogen.« (I 5; SW 1, 191)

Es ist wahrscheinlich, daß Nestroy – zumindest in der Aufführungspraxis – die verbürgte Ikonographie verwandelt haben dürfte. Saturn oder Kronos wird als alter, bärtiger Mann abgebildet; wenn nun – so in der Wiener Aufführung vom 27. April 1832 – dieser Genius der Zeit von Therese Wagner dargestellt wurde, einer Schauspielerin, die in anderen Stücken Nestroys die Darstellung jugendlicher Rollen übernahm, so scheint zumindest durch die Besetzung der Rolle dieser Allegorie ein anderer Akzent verliehen worden zu sein. Der Genius der Zeit hat nur zwei Worte zu sprechen: »Dreißig Jahre!« (I 5; SW 1, 191) – das ist der Zeitraum, der Longinus zur Verfügung gestellt wird, um sein Lumpendasein auf der Erde zu führen. Zunächst bekommt der Lump aus dem Zeitkontingent als erste Rate nur zehn Jahre zur Verfügung gestellt. Das Bühnenbild kann nun der Schaulust des Publikums durch volle Entfaltung der Möglichkeiten, die in dieser Allegorie angelegt sind, dienen. Die vier Etappen, die den Lumpen im Alter von 24, 34, 44 und 54 Jahren zeigen, boten dem Schauspieler Gelegenheit, seine Fähigkeiten zur Wandlung zu präsentieren – eine Herausforderung, die vor allem Raimund angenommen hatte, und dies nicht nur in seinen eigenen Werken wie in »Der Bauer als Millionär« und »Der Alpenkönig und der Menschenfeind«, sondern auch in Gleichs »Ydor, der Wanderer aus dem Wasserreiche« (1820), wo nicht unterschiedliche Lebensabschnitte, sondern völlig unterschiedliche Charaktere durch ein und denselben Schauspieler dargeboten werden.

In dieser Szene aus der »Verbannung aus dem Zauberreiche« wird ein Thema angeschlagen, das in nahezu allen Stücken Nestroys dominant ist: Zeit und Veränderung. Das Stück endet mit der Einsicht in die Relativität des Zeitbegriffs: Für die Geisterwelt vergehen die dreißig irdischen Jahre im Nu, auf der Erde sind sie viel zu lange, wie der Zauberer Pumpf, der Vater des Longinus, auch einsieht: »[E]iner irdischen Braut wär schlecht geholfen, wenn man ihr einen Bräutigam 30 Jahr lang bessern thät.« (II 29; SW 1, 236) Damit verabschiedet sich Nestroy ebenso maliziös wie unmißverständlich vom Besserungsstück – der Lump bleibt Lump, zumindest im Diesseits.

Auch die Genien, für die deutschen Klassiker die mythologische Leitfigur schlechthin, werden bei Nestroy einer Wandlung unterworfen. In »Nagerl und Handschuh« (1832) wird einem Genius der vielsagende Name Grobianetto verpaßt. Der Genius, im Verständnis der Klassik ein hilfreicher Schutzgeist, wird zum Dienstboten, der den Streik gegen den Zauberer probt: »Ewig da seyn, so oft er winkt, mit sein dalketen Staberl!« (II 5; SW 2, 106) Diese Umwertung haucht den mythologischen Figuren neues Leben ein und erlöst die Allegorien vom Starrkrampf der

Gelehrsamkeit. Wieder war es Therese Wagner als Genius, die außerordentlich zu gefallen wußte: »Die kleine Therese Wagner machte sich durch recht zweckmäßiges Spiel als kleiner Genius Grobianetto in dem sehr ergötzliche[n] Zank mit dem Zauberer, wo sie ihm den Dienst aufkündigt, bemerkbar. Diese kleine Szene ist auch äußerst komisch erdacht und gestaltet«, vermerkt ein Rezensent. (SW 2, 320)

Mythenparodien waren auf der Bühne der Wiener Vorstadt heimisch; ihr unumstrittener Meister war Karl Meisl, und seine Bravourstücke sind bis auf unsere Tage unterhaltsam. Auch wenn seine Götterfiguren nach dem Prinzip des tout comme chez nous in aristophanischer Manier mit allzu menschlichen Schwächen ausgestattet sind, sie sind doch nie so heruntergekommen und in ihrer Substanz so defekt wie die Nestroy'schen Genien.

In dem – nicht aufgeführten – Stück »Genius, Schuster und Marqueur« (1832) sollte der alte Genius Lulu auftreten, eine Karikatur dieser persönlichen Gottheit des Menschen, die in der Klassik nicht anders als ein ewiger Jüngling imaginiert wird. Am Genius Lulu hat der Genius der Zeit genagt:

»Wier Genien seyn doch die fidelste Nation, die herumzappelt in der Feenwelt. So lang wier klein seyn, seyn wier muthwillig; werden wier größer seyn wier ausg'lassen, seyn wier jung, lernen wier nix, seyn wier alt kennen wier nix, mit 15 Jahr seyn wier witzig, mit 20 Jahr werden wier grob, mit 30 Jahr dumm, und mit 40 Jahr dalkert, mit einem Wort wier seyn ein Völkel aus 'm F.« (I 6; SW 4, 111) Damit karikiert Nestroy nicht nur die Genius-Figur, wie sie auf der Bühne des Volkstheaters heimisch war, sondern auch das Wirkbild, das für die Autoren der deutschen Klassik und Romantik die ethische und ästhetische Autonomie garantierte.

Die Allegorien und das mythologische Inventar verwendete Nestroy so lange, so lange es ihm bühnenwirksam zu sein schien: Zum letzten Mal dürfen – allerdings schon in stark reduzierter Besetzung – die Geisterwelt und ihr allegorisches Begleitpersonal in »Die Familien Zwirn, Knieriem und Leim oder Der Weltuntergangs-Tag« (1834) in Erscheinung treten. Bis dahin werden sie zwar zusehends entbehrlich, aber in einigen Stücken wird doch recht abundanter Gebrauch davon gemacht. Vor allem »Der konfuse Zauberer oder Treue und Flatterhaftigkeit« ist mit einem Feenpersonal ausgestattet, das sich sehen läßt: Der Hauptfigur, dem Zauberer Schmafu, tritt ein Magier namens Eigensinn zur Seite; Treue und Flatterhaftigkeit sowie Argwohn und Eifersucht, sogar die Melancholie nehmen Gestalt an und sie sind körperlicher, als es Allegorien sonst zu sein pflegen.

Schmafu spielt viele Gemütslagen durch; die Flatterhaftigkeit, die er verehrt, verstößt ihn, und da wird er – melancholisch:

»Auch ich war in Arkadien geboren, aber im Laufe des Glücks haben s' mir den Laufpaß geben, und jetzt schiff' ich ohne Kompaß des Trostes auf dem schwarzen Meer der Verzweiflung herum. Die Blumen der Freude sind abgefallen von mir, und der Stock steht einsam da!« (I 8; GW I, 423)

Schöner könnte sich das Bild eines Melancholikers nicht

durch die Aneinanderreihung von Emblemen, Sinnen-Bildern, präsentieren: Der einsame Baum ist Sinnbild der Verlassenheit und Trauer. Und gleich tritt zu diesem Bild die Allegorie, die Schmafu mit den Worten »Du stehst nicht allein da« einleitet. Schmafu wird von der Melancholie kuriert; besser gesagt, er kuriert sich selbst, indem er den Verführungskünsten einer Peppi erliegt, die etwas dubioser Herkunft ist (Mutter: Hexe, Vater: Krampus und nun Wauwau).

»PEPPI *(kokett)*: Was befehlen Euer Gnaden?

SCHMAFU: Ich hab' eine Geliebte gehabt – o! ich werde sie nie vergessen! *(Sinkt ihr um den Hals.)*

PEPPI: Euer Gnaden haben aber eine etwas kuriose Traurigkeit.

SCHMAFU: Das ist der Hausbrauch bei mir. Wenn mich der Schmerz übermannt, so stürz' ich einem Dienstboten um den Hals und wein' mich aus.« (II 3; GW 1, 438)

Die Melancholie verschwindet langsam, und Schmafu singt ein Lied, das mit einem Jodler endet. In kaum einem Stück hat Nestroy die Allegorien so nachhaltig in den Ablauf eingreifen lassen und sie als bewegendes Prinzip für die Handlung eingesetzt. Nahezu in allen Szenen werden die Aktionen der Figuren mit Blick auf ihre allegorische Substanz transparent. Am wirksamsten ist die Szene, in der Nestroy die Entstehung eines Eifersuchtsanfalls allegorisch ausmalt.

Schmafu promeniert und begegnet dem Ehepaar Eifersucht und Argwohn, letzterer ist mit einer Blendlaterne ausgestattet.

»ARGWOHN: Bemerken Sie gar nichts?

SCHMAFU: Nein.

EIFERSUCHT: Sind Sie ganz ruhig?

SCHMAFU: Ja, warum sollt' ich's denn nicht sein? *(Zum Argwohn, der die Kerze in der Blendlaterne anzündet.)* Was wollen Sie denn, Argwohn?

ARGWOHN: Ihnen ein Licht aufstecken. *(Steckt dem Schmafu die Kerze auf den Hut.)* Merken Sie was?

SCHMAFU: Ha, wär's möglich? Sie haben mir ein furchtbares Licht aufgesteckt. Meine Frau ist mit dem gymnastischen Künstler Comifo verstanden? – Argwohn, wie sind Sie dahinter gekommen?

ARGWOHN: Wo es was Schlechtes gibt, stöbr' ich gewiß es auf. Der Liebhaber Ihrer Gemahlin ist während der Vorstellung vom Zirkus fort und zu ihr.

SCHMAFU *(zur Eifersucht)*: Was sagen Sie dazu? Soll ich ihm glauben?

EIFERSUCHT: Ich bin die Eifersucht, ich zweifle nie an dem, was der Argwohn spricht.« (III 14; GW 1, 469 f.)

Beispielhaft wird hier eine Redewendung inszeniert, indem Handlung und Sprache zur vollkommenen Deckung gebracht werden. Die Stelle lebt nicht nur von dem komischen Effekt, durch den die abstrakte Handlung zu sinnlicher Wahrnehmung gefördert wird, sie ist auch ein Stück Sprachreflexion, ein Beispiel, und zwar eines der ersten für viele in Nestroys Werk. Daß man aus dem Wörtlichnehmen von Redewendungen poetisches Kapital schlagen kann, hat Peter Handke mit seinen frühen Sprechstücken »Weissagungen« (1966) und »Kaspar« (1968) demonstriert und damit Nestroy, ohne sich vermutlich des Bezugs bewußt zu sein, die schönste Reverenz erwiesen: »Der Finger wird fingerdick sein. [...] Die Fäden werden fadenscheinig sein. [...] Der Stein wird steinhart sein. [...] Jeder Tag wird sein wie jeder andere.« (Handke 1992, 56) Mit diesen Worten schließt sein Sprechstück »Weissagungen«, und das läßt sich ambivalent interpretieren: In der Sprache und den Sprachbildern ist alles vorgesehen, und wer über sie verfügt, der ist gerüstet und den kann nichts Unerwartetes treffen. Das ist die eine Lesart, während die andere die Sprache als Beengung empfindet, die jeden Tag dem anderen gleich macht. Die Sprache, so wie sie ist, meint für alle Eventualitäten vorgesorgt zu haben und unterbindet jede Wahrnehmung, die über die von ihr markierten Grenzen hinausginge. Zwischen diesen beiden Möglichkeiten oszilliert auch unsere Wahrnehmung Nestroys: Zum einen zeigt er, wie wir als Gefangene der Sprache den durch sie erzeugten Mißverständnissen ausgeliefert und dem von ihr produzierten Schein verfallen sind, zum anderen aber führt er vor, wie viel sich durch die Sprache bewirken und herstellen läßt und wir ihrer nur um den Preis der Selbstaufgabe entraten könnten.

»Die Zauberreise in die Ritterzeit oder Die Übermütigen« (1832) ist wiederum ein Zeitstück, in dem Vergangenheit, Gegenwart und Zukunft durch drei Feen allegorisch repräsentiert werden – eine recht platte Allegorisierung, und man hat trotz einiger gelungener szenischer Effekte doch den Eindruck, daß Nestroy dieser so eifrig betriebenen Übung überdrüssig wird. Das Stück endet wie alle Zeitreisen im Volksstück in einem emphatischen

Lob der Gegenwart; wie etwa Karl Meisls »1722. 1822. 1922.«. Selbst die ironischen Verzerrungen und die oft bittere Charakterisierung dieser Figuren scheinen nicht mehr so zu greifen wie in den früheren Werken. In der Allegorie hatte er jedoch ein Mittel, das leichtfertig aufzugeben töricht gewesen wäre. Die Frage nach der Praxis, mit der Nestroy in der Folge die Allegorien einsetzte, wird in diesem Versuch nochmals angesprochen werden.

9. Unsaubere Wetten

Daß der Zauberapparat für Nestroy ein lästiges und dann auch ein läßliches Instrument ist, wird zusehends deutlicher. Doch in »Der böse Geist Lumpacivagabundus oder Das liederliche Kleeblatt« (1833) wird die irdische Handlung noch von den überirdischen Geistern gelenkt. Es regiert Fortuna, die »Beherrscherin des Glücks, eine mächtige Fee«; sie läßt sich, wie in der Folge zu zeigen sein wird, als eines der allegorischen Zentren, wenn nicht als *das* allegorische Zentrum in Nestroys Werk ansprechen. Im Gedächtnis des Publikums lebte allerdings nur die irdische Handlung weiter; der Geist Lumpacivagabundus erhält kaum die Möglichkeit, sich in der Vordergrund zu spielen. In seiner Vorstellung bezeichnet er sich als »Beherrscher des lustigen Elends, Beschützer der Spieler, Protector der Trincker, ect. ect.« und – wie der alte Genius Lulu – als einen »Geist aus 'n F.« (I 2; SW 5, 74) Seine Anhängerschar ist beträchtlich; zu ihr gehören die Geistersöhne aus besserem Hause, die ihr Vermögen durchgebracht haben, und die launische Fortuna will es, daß sie einfach ihr Füllhorn über ihnen ausschüttet. Nun setzt eine recht komplizierte Handlung ein, die es, gerade weil sie so abstrus ist, zu rekonstruieren lohnt. Fortuna will die Hand ihrer Tochter Brillantine nicht dem weder besserungsfähigen noch besserungswilligen Filou Hilaris geben. Amorosa, die »Beschützerin der wahren Liebe«, tritt auf den Plan und bittet für das Paar; Lumpacivagabundus macht sich aus dem Staub. Fortuna läßt sich von Amorosa erweichen und stellt nun eine kuriose Bedingung, die zur Verbindung des Paares führen soll:

»Ich wähle unter den Sterblichen drei seiner [des Lumpacivagabundus] Anhänger, lockere Gesellen, jedoch nur solche, welche schon der Armuth drückend Los gefühlt. Diese will ich mit Reichthum überschütten; werfen sie, wie er gesagt, das Glück zum Fenster hinaus, so dringe ich es ihnen zum zweiten Male wieder auf; treten sie es dann mit Füßen, so erkenne ich mich als besiegt, und Hilaris werde meiner Tochter Gema[h]l; doch, wenn sie, wie kaum zu zweifeln ist, das Glück mit Dank empfangen und aus Furcht vor neuer Dürftigkeit mit weiser Mäßigung, es sich für's ganze Leben bewahren, und ich sie so dem Lumpacivagabundus entreiße, dann bin ich Siegerin, und Hilaris werde auf immer von meiner Tochter getrennt.« (I 3; SW 5, 140)

Das Anstößige dieses Wettgedankens ist den Interpreten kaum aufgestoßen: Damit der Wunsch der Liebenden und damit auch der Amorosas als der »Beschützerin der wahren Liebe« in Erfüllung gehen kann, muß der »böse

Geist« Lumpacivagabundus erfolgreich agieren. Fortuna wiederum scheint von einer geradezu bedenklichen Naivität, da sie von der Annahme ausgeht, daß durch ihr Wirken drei Liederliche gebessert werden könnten. Freilich verstört das Konstruierte des Unterfangens, doch ist die Aufgabenstellung für die Rahmenkonstruktion unentbehrlich. Nicht daß Nestroy hier an der überirdischen Handlung festhält, sondern wie er dies besorgt, ist der entscheidende Punkt. Von diesen Geistern geht keine positive Wirkung mehr aus, und Lumpacivagabundus erhält eine geradezu mephistophelische Funktion, indem er doch das Böse will und am Ende das Gute schafft, nämlich die Verbindung von Brillantine mit Hilaris, der obendrein – und damit wird das Absurde der Konstruktion noch deutlicher – den Pfad der Tugend wandeln will, so daß er sich mit Amorosas Tochter vermählen kann. Das gute Ende ist also nicht abhängig von der Besserung der zu Versuchsobjekten degradierten drei Handwerksburschen, sondern davon, daß zwei nicht gebessert werden. Fortuna verliert die Wette; das Schicksal oder das Glück hat, wenn man so will, die Wette gegen sich selbst verloren. Ein Drittel schafft den Ausstieg aus dem liederlichen Leben – ein sozialpädagogisch nicht uninteressanter Prognosewert.

Auch wenn auf der überirdischen Ebene sich alles zum Guten wendet und das Paar zueinander findet, auf der irdischen Ebene ist – nach menschlichem Ermessen – das Experiment gescheitert: Der Satz »Lump bleibt Lump« gilt für den Schneider Zwirn und den Schuster Knieriem, nur der Tischler Leim hat es geschafft und ist im Hafen der bürgerlichen Ehe und im Wohlstand gelandet. Daß damit kein befriedigendes Schlußtableau hergestellt werden kann, ist klar, und so müssen eben auch Zwirn und Knieriem gebessert werden. Diese Besserungsabsicht ist bei diesen beiden indes nicht mehr als eine bloße Phrase, und als der empörte Stellaris erscheint sie zu bestrafen, fleht ihn Knieriem an: »Ich werd mich bessern«, während Zwirn sogar erklärt: »Ich bin schon gebessert.« (III 16; SW 5, 185) Präziser und glaubwürdiger könnte die Hinterhältigkeit und die Psychologie dieses Strizzis nicht gefaßt werden als in dieser Momentaufnahme, die mehr Gewicht hat als die bloße Ironisierung der Besserungsstücke. Der Rest wird wieder dem Geisterapparat überlassen, wo es offenkundig auch keine rechten Hierarchien mehr gibt, denn Amorosa siegt, entfremdet die verkommene Geister-jeunesse-dorée dem Lumpacivagabundus und kuriert obendrein noch die beiden Handwerksgesellen.

Der Schluß des Stückes hat die Interpreten allesamt verwundert: »Erstaunlicherweise geht eine derartig feine, neuartige Kunst am Schluß noch immer unvermittelt in die Tradition der Besserung durch Geisterpädagogik über,« meint Franz Mautner. (Mautner 1974, 177) Daß Nestroy von den obligatorisch positiven Schlüssen auf der Bühne des Volkstheaters gering dachte, ist bekannt, und deren sarkastische Kommentierung gehört zu der häufig geübten Praxis der Illusionsdurchbrechung. Zum Schlußtableau aber gab es auf dieser Bühne keine Alternative; das war nicht nur eine Konzession an das Publikum, sondern der Zwang der Gattung, der jede andere Finalisierung als undenkbar erscheinen ließ. Das Staunen über diese problemlose Herstellung des guten Endes entspringt unserer im Realismus und mehr noch im Naturalismus gründenden literarischen Sozialisation, derzufolge es in der Literatur ebenso zuzugehen hätte, wie man meint, daß es im Leben zugehe. Es könnte eine literarische Scherzaufgabe mit tieferer Bedeutung sein, den Schluß des »Lumpacivagabundus« im Stile Gerhart Hauptmanns (für Anfänger) oder Anton Tschechows (für Fortgeschrittene) zu verfassen. Daß Nestroy seinen guten Schluß zurückgenommen hat, geht aus der Fortsetzung »Die Familien Zwirn, Knieriem und Leim oder Der Weltuntergangstag« hervor, die etwa eineinhalb Jahre nach dem »Lumpacivagabundus« uraufgeführt wurde, nicht zuletzt, um aus dem unverbesserlichen Obersteiger Zwirn und dem schwadronierenden Trunkenbold Knieriem und obendrein noch aus Leims eher unbefriedigendem Eheleben komisches Kapital schlagen zu können. Selbstverständlich ist auch auf der Geisterebene die Ehe des Hilaris mit Brillantine schief gelaufen – aber am Ende geht sich dann doch alles wieder gut aus.

Auch Raimunds Schlüsse sind häufig der Kritik ausgesetzt: Daß Rappelkopf in »Der Alpenkönig und der Menschenfeind« (1828) sich tatsächlich gebessert haben sollte, scheint jedem, der dessen kompromißlos böses Verhalten auf der Bühne sehen konnte, wenig glaubhaft, und Raimund selbst hat diesem Schlußidyll ein elegantes Korrektiv eingebaut, indem er Rappelkopf sagen läßt: »Kinder, ich bin ein pensionierter Menschenfeind.« (Raimund, SW II 2, 200) Er kann, so wird aus diesem Detail evident, seinem Charakter nicht entkommen, aber sich in seiner

Alltagspraxis wandeln und umgänglich werden. Daß den märchenhaften Schlüssen durch seine utopischen Züge ein kritisches Ferment beigemengt sei, ist ein tragfähiger Interpretationsansatz Reinhard Urbachs (Urbach 1973, 102), wodurch diese Zauberspiele von dem Verdikt, einer simplen Harmonisierungstendenz zu huldigen, entlastet werden.

Die Schlüsse der Zauberspiele Nestroys sind jedoch anders; ihnen geht jedes utopische Moment ab; sie suggerieren nie, daß es sich in der Wirklichkeit so zutragen könnte, sondern lassen keine Zweifel daran, daß wir es nur mit der Wirklichkeit des Theaters zu tun haben. Überhaupt scheint es nicht angebracht, von *den* Schlüssen Nestroys zu sprechen: Daß sich im Laufe der Zeit auch diese und ihre Funktion wandelten, wird an einschlägigen Beispielen zu zeigen sein.

Die Handlungsführung und vor allem die Finalisierung sind engstens mit dem Wesen der Fortuna und der Glücks- oder Schicksalsauffassung Nestroys verbunden. Und die Eigenart des »Lumpacivagabundus« wird wesentlich durch den Charakter bestimmt, den Nestroy der Fortuna gegeben hat. Ihr Wesen wurde, wie Peter Cersowsky zu Recht feststellt, grundlegend gewandelt; sie repräsentiere nicht »die Unbeständigkeit, das wechselhafte Glück«, sondern trete für Bewährung ihrer Schützlinge in »beständiger weiser Mäßigung« ein. (Cersowsky 1992, 56) Das greift aber, meine ich, zu kurz, denn Nestroy hat diese Allegorie doch etwas differenzierter gestaltet: Sie ist weniger Anwältin der Beständigkeit, sondern lebt in Unkenntnis der Menschen und Geister, sie ist töricht, da sie sich für das Glück aller als zuständige Instanz dünkt und einem sträflichen Optimismus huldigt.

Nestroy hat an den Allegorien gründliche Änderungen für den jeweiligen Zweck vorgenommen. Sie verlieren ihre Intaktheit, sie sind anfällig und können offenkundig die Eigenschaften, die sie zu verkörpern haben, nicht mehr verwalten. Auch sie sind Opfer der Zeit oder der allmählichen Korrosion ihrer Attribute. Zu Beginn von »Die Familien Zwirn, Knieriem und Leim« wird Fortuna aufgrund des Ehegezänks von Brillantine und Hilaris klar, daß sie ihrer Macht verlustig ist: Sie steht »mit trauriger Gebärde« in der Mitte der Bühne und verkörpert somit nicht das Glück, sondern vielmehr das leibhaftige Oxymoron des unglücklichen Glücks.

Dieser rhetorischen Figur sind nicht nur viele Allegorien Nestroys verpflichtet, sondern auch viele seiner irdischen Protagonisten sind mit Eigenschaften ausgestattet, die zu der Rolle, die sie übernommen haben, nicht mehr passen: Das Oxymoron wird somit auch zum Erkenntnismittel für die Befindlichkeit der Menschen und der Gesellschaft; aus diesen Widersprüchen ergeben sich nicht nur die komischen Effekte, sondern ebenfalls die verschiedenen Konflikte. In den Texten bis etwa Mitte der dreißiger Jahre ist das Oxymoron auch Figur auf der Bühne, und so kann Fortuna, das glücklose Glück, den eigenen Zustand in Form eines Spruchbandtextes von sich geben: »Meine Tochter, die Tochter des Glückes, lebt in unglücklicher Ehe! Den Gedanken kann ich nicht ertragen!« (I 1; SW 8/I, 9) Solches ist mehr als das launische Spiel mit einer weidlich abgenutzten Allegorie oder die Attacke auf ein traditionell überkommenes Bild – in diesen wenigen Worten wird nicht nur das Unglück einer Mutter gefaßt, sondern auch das einer ganzen Gesellschaft und ihrer Ideale, die, und seien sie auch noch so bescheiden biedermeierlich, durch einen unaufhaltsamen Verfallsprozeß zuschanden werden.

Es mag bedenklich sein, solche Stellen aus dem Zusammenhang, in dem sie stehen, herauszunehmen, zu isolieren und mit dem Gewicht einer Welt zu belasten, die nicht die der Komödie ist. Zum anderen erhält die Komödie ihr Gewicht dadurch, daß sie offen ist, um etwas aufzunehmen, was ihrem elastischen Bau wenn schon nicht zuträglich, so doch erträglich ist.

Nestroy war mit den Allegorien und Emblemen vertraut. Es wäre zuwenig, wollte man bloß den wenig respektvollen Umgang mit dieser Tradition feststellen. Auf der einen Seite ist er angewiesen auf den Fundus seiner Bühne, auf der anderen Seite verwendet er ihn nicht ungeprüft, sondern wandelt das überkommene Material so, daß es seine Herkunft nicht verleugnet, zugleich macht er ihn wieder funktionstüchtig und liefert dem Publikum nicht nur die Unterhaltung, sondern auch die Bilder, um die Welt zu deuten.

10. Fortuna mit dem überstauchten Fuß

Den Ehrenplatz in der Geschichte der Literatur verdient sich Nestroy durch den Gebrauch der Bilder. Wie er mit diesen umging, läßt vergessen, woher sie stammen, und von der Herkunft läßt sich auch das Besondere seiner Leistung nicht definieren. Der Krise der Bilder war sich auch Heinrich Heine bewußt: »Ein Bild! ein Bild! mein Pferd, mein Pferd für'n gutes Bild!« ruft er in einem der Sonette an »Friederike« aus. »Die Suche des unverbrauchten Bildes [...] führte in das Exotische, denn alles Heimatliche war gar zu vertraut geworden.« (Killy 1967, 105) Auch bei Nestroy wird diese Suche in das Exotische führen, und auch bei ihm wird es nur eine Reise in Worten sein. Nestroys Verfahren ist dem Heines nicht unähnlich, auch wenn sein Ausgangspunkt ein ganz anderer ist. Die Sprache der Bilder ist unverzichtbar, doch sind diese nicht mehr intakt. Die Bilder der Romantiker sind für Heine unverwendbar; auch Nestroy konnte das, was er auf der Bühne vorfand, nicht ungebrochen verwenden, allerdings verdankte er ihr als dem verläßlichsten Hüter des »Bildgedächtnisses« (Benjamin 1980, I 1, 395) das Material, das er wiederum stets zu erneuern verstand.

»Zu ebener Erde und erster Stock oder Die Launen des Glückes« (1835) markiert einen Wendepunkt in der Produktion Nestroys. Hier wird der Abschied von der höheren Sphäre der Geister augenfällig vollzogen: Die Bühne ist geteilt in oben und unten. Was zuvor als Gegensatz irdisch-überirdisch den Fortgang der Handlung bestimmte oder ihr zumindest einen Rahmen gab, das wird nunmehr als soziale Opposition veranschaulicht: Oben, im piano nobile, haust der reiche Spekulant und Millionär Goldfuchs, zu ebener Erde die Familie des armen Tandlers Schlucker. Trotz der geradezu »geometrischen Durchkonstruktion« (Mautner 1974, 199) wird die Lebendigkeit des Stückes nicht durch das Schematische der Handlung und die Parallelität der Konfiguration gestört: »Drei Unglücksfälle widerfahren dem übermütig reichen Herrn von Goldfuchs oben, drei Glücksfälle der desperat armen Tandlerfamilie unten, mit dem Ergebnis, daß Oben und Unten die Quartiere tauschen.« (Mautner 1974, 199) Die Einfachheit der Opposition scheint vielleicht ein wenig zu aufdringlich in ihrer didaktischen Bestimmtheit, aber Nestroy weiß den Verkehr mit so vielen szenischen Einfällen anzureichern, daß die plakative Wirkung zurückgenommen wird.

Wiederum ist Fortuna anwesend, aber – und das ist der entscheidende Punkt – sie ist als sichtbare Allegorie in den Ruhestand versetzt worden und bestens in der Sprache, und zwar im sprachlichen Bild, aufgehoben; vor allem entsteht zwischen Oben und Unten auch ein Gespräch, von dem die Figuren nicht wissen, daß sie es führen. Die Konfiguration wird von der Kollision der einzelnen Glücksvorstellungen getragen, die wiederum allegorisch vermittelt sind. Am deutlichsten wird dies in den Worten Salerls, die sich bescheiden will und gleichsam zur Wehr setzt gegen das Glück, das zur ebenen Erde einzieht:

»Wenn ein Unglück g'schieht, so geht eine Butten los, das is wahr, wenn aber 's Glück anmarschiert, so ruckt 's auch gleich bataillonweis' ein, das is auch wahr. Die Frau Sepherl hat aber g'sagt, auch im Glück muß man fleißig und arbeitsam sein; das will mir zwar nicht recht einleuchten, indessen, weil sie's g'sagt hat, so setz' ich mich halt her und spinn'.« (III 8; GW 2, 524)

Spinnen – im wörtlichen Sinne – als Therapie gegen Übermut und als Bild der Selbstbescheidung. So konstituiert sich auf der Bühne emblematisch eine Anweisung zum maßvollen Verhalten im Glück; doch in einem analysiert Nestroy auch das Verhalten des Mädchens, indem er deutlich macht, daß sie eigentlich gar nicht wisse, warum sie im Glück »fleißig und arbeitsam« sein müsse: Sie gehorcht der Tradition der Glückslehren, die vor dem Übermaß warnen, da man von der Wandelbarkeit des Glückes überzeugt sein müsse.

Ganz anders verhält sich der »geborene Millionär« Goldfuchs, der vom ungetreuen Diener Johann zur Vermessenheit angestachelt wird. Dieser redet förmlich das Unglück seines Herrn durch hybride Worte herbei: Schon lassen einige Vorzeichen auf Unglück im ersten Stock schließen, schon verheißt ein durch die Diener angefachtes Feuer Unglück, schon läßt die Zuversicht, mit der Goldfuchs von einer Spekulation »en gros zu Schiffe« sich – wie der Kaufmann von Venedig – Gewinn erhofft, Böses ahnen:

»JOHANN: Das ist halt das Schöne; wenn man einmal recht mitten drin sitzt in Glück, da gerat alles, da verliert 's Malheur völlig die Courage gegen einem. Ich sage: wenn sich 's Unglück über ein' Millionär trauen will, das kommt mir grad so vor, als wie wenn ein Stallpummerl auf ein' Elefanten bellt.

GOLDFUCHS *(wohlgefällig)*: Gut gegeben, gut! Eine Million ist eine schußfeste Brustwehr, über welche man stolz hinabblickt, wenn die Truppen des Schicksals heranstürmen wollen.« (II 8; GW 2, 480)

Es wird geklopft, und in der Tat, schon klopft das erste Unglück an, in Gestalt des Buchhalters Wermuth, der Herrn Goldfuchs mitteilt, daß dessen Sohn, der »liederliche Pursche«, in Hamburg als »mutwilliger Schuldenmacher« eingesperrt worden sei.

Daß es nicht mit rechten Dingen zugeht, wenn das Glück seine Launen so enthemmt auslebt, dämmert dem dummschlauen Damian Stutzel als erstem. »Ja, was treibt denn 's Glück heut'?« fragt sich Schlucker, und Damian hat schon die Lösung in der Allegorie parat: »Die Fortuna muß sich den Fuß überstaucht haben, daß s' nit in den ersten Stock auffsteigen kann, sonst kehret s' gewiß nit zu ebener Erd' ein.« (III 4; GW 2, 519) Diese Aussage ist komplementär zur Glücksgewißheit des Millionärs, der mit seiner militanten Metaphorik die aggressive Kraft des Kapitals hochmütig verkörpert, während Damian die Veränderung der Verhältnisse von der Beschädigung der verbürgten allegorischen Vorstellung abhängig macht. Am Ende ist der Ausgleich jedoch hergestellt, Goldfuchs hat Fortschritte bei der Einsicht in das Wesen des Glückes gemacht und verkündet, ohne sich der Banalität seiner Einsicht zu schämen: »Mein Beispiel gebe warnend euch die Lehre: Fortunas Gunst ist wandelbar.« Im Schlußchor einigt man sich auf die hergebrachte Formel von der Fortuna, die eben rund ist: »'s Glück treibt's auf Erden gar bunt, 's Glück bleibt halt stets kugelrund.« (III 32; GW 2, 549)

Im Vergleich zu den früheren Stücken besticht die perfekte, ja beinah allzu kalkulierte Konstruktion; wieder wird mit den Briefen ein Verwirrspiel getrieben, wieder gibt es die Kommunikationsstörungen, Verwechslungen infolge von Verkleidung und daher für die Falschen, nämlich für Johann und Monsieur Bonbon, die jeweils gleiche Tracht Prügel. Der Sinn fürs Widersinnige, der die früheren Stücke oft so unberechenbar und im Verlauf überraschend gemacht hat, fehlt hier ganz. Die Reden der Figuren sind vielmehr durchgehend darauf ausgerichtet, Sinn auch dort zu stiften, wo es ohnehin keinen Widerspruch geben könnte. Die Illusion wird selten durchbrochen, und alles scheint darauf angelegt, die doch recht unglaubliche Handlung glaubhaft zu machen. Die Kluft zwischen dem Charakter der Figuren und ihrer Sprache ist in diesem Stück eingeebnet. Jeder hat seine authentische, mitunter klischiert wirkende Sprache, so daß manche Szenen – vor allem die, in denen die demütige und schicksalsergebene Salerl auftritt – wie Stücke aus einem Bilderbuch über den Unterschied von Arm und Reich anmuten.

Die Armen sind nicht gut, die Reichen nicht böse; der Bösewicht allerdings ist Johann, die erste große Nestroysche Intrigantenfigur. Er ist der untreue Diener par excellence; und den Rezensenten der Uraufführung ist die Nähe zum Raimundschen »Verschwender« (1834) nicht entgangen: Der treue Diener Valentin ist das exakte Gegenstück zu Johann. Dieser bringt den Herrn um sein Geld und legt sein unrechtmäßig erworbenes Vermögen bei diesem an, während Valentin dem verarmten Herrn von Flottwell seine Ersparnisse anbietet und ihn in seinem Haus aufnehmen will. So läßt sich »Zu ebener Erde und erster Stock oder die Launen des Glückes« als Inversion des Raimundschen Zauberspiels auffassen. Raimund hat die überirdischen Mächte bewahrt; ihre Hilfe ist entscheidend, Valentins spontaner Einsatz ist Zeugnis menschlicher Großmut im Dienerstande. Goldfuchs ist im Vergleich zu Flottwell ein erbärmlicher Charakter; während Flottwell seine Freunde nobel aushält und allenthalben seine Großmut demonstriert, protzt der »geborene Millionär« mit seinem Geld vor den Freunden und veranstaltet ein Freßgelage, bei dem die untreuen Köche und Diener vom Überfluß reichlich abschöpfen: Flottwell und Goldfuchs werden beide auf schäbige Weise hintergangen.

Der Wunsch nach Umkehrung der Verhältnisse ist bei Nestroy präsent, bei Raimund jedoch ist alles darauf ausgerichtet, deren Stabilisierung herzustellen. Schon der Küchenjunge François träumt von dieser Umkehrung der Verhältnisse: »Wenn nur einmal die Mode aufkommet, daß die Köch' bei der Tafel sitzeten und die Herrschaft kochen müßt': da wär' ich recht gern a Koch.« (II 1; GW 2, 467)

Damian wird zum Sprachrohr der Unterdrückten, allerdings ist seine Rede auch von verhaltener Aggressivität durchsetzt: Er denkt unentwegt an Mord und Prügel; doch er ist so faul, daß seine diesbezüglichen Ankündigungen nicht in die Tat umgesetzt werden. Er legt sich angezogen ins Bett, um sich beim Aufstehen die Mühe des Ankleidens zu sparen. (II 27; GW 2, 503)

Nestroy ist vielleicht der erste große Analytiker der Faulheit, so wie Erasmus von Rotterdam als der erste große Analytiker der Dummheit gelten kann. Der Greis in »Der gefühlvolle Kerckermeister« ist die erste Figur in dieser Reihe der beispielhaften Faulpelze; das Fatum in »Die Familien Zwirn, Knieriem und Leim« ist der letzte allegorische Anwalt dieser Faulheit, die somit zu der das Universum lähmenden Erscheinung wird. Repräsentanten der Faulheit zu sein wird in der Folge vor allem den Hausknechten vorbehalten, die ihre rhetorischen Gaben gerne dafür einsetzen, ihre Trägheit als Tätigkeit darzustellen. Es geht hier, wohlgemerkt, nicht um den Müßiggang, um das otium nobile, sondern um eine Faulheit, die der eines Oblomow verwandt ist. Auch wenn sich in Damians Worten manchmal der berechtigte Unmut und die berechtigte Klage der unteren Klassen Bahn bricht, möchte man die Sache des Proletariats doch nicht in seine Hände gelegt wissen.

Damians Faulheit gründet in der Gewißheit, daß Tätigkeit angesichts des Waltens der Fortuna vergeblich ist. Ihm fehlt jeder Impetus, eine Veränderung der Verhältnisse herbeizuführen. Johann, Damian, Goldfuchs und Salerl – sie alle haben ihre Auffassungen vom Glück und bemühen sich, dieses zu definieren. Allerdings betritt Fortuna nicht mehr als Gestalt die Bühne, sondern ist nur in der Sprachhandlung vorhanden. In diesem Werk hat Nestroy die Allegorie als Bühnenfigur für immer verabschiedet; sie wird in der Sprache aufgehoben. Die in den Emblembüchern vermittelte Vorstellung der Fortuna, die als nackte Frau auf einer Kugel steht oder das Glücksrad dreht, ist nach wie vor präsent und kann im Bedarfsfall zur Anwendung kommen. In seiner anregenden Studie »Über die aufgehobene Allegorie. Beobachtungen an Werken von Nestroy und Karl Kraus« von 1967 hat Harald Kaufmann als erster auf die zentrale Rolle der Allegorie hingewiesen und auch die »geadelte Umbildung der Allegorie in Sprache« erkannt. (Kaufmann 1967, 526) Ihm kommt es allerdings weniger auf die Konsequenzen an, die sich daraus für die Entwicklung des Gesamtwerkes ergeben.

Die Verwaltung der Allegorien obliegt vor allem der Zentralfigur, in deren Auftrittsmonolog ihr Raum zur Entfaltung gewährt wird. »Zu ebener Erde und erster Stock« stellt in jedem Falle eine Zäsur dar; zusehends wird die Nestroy-Rolle zum Träger jenes Raisonnements, aufgrund dessen man Nestroy zum Wiener Weltweisen oder gar zum Philosophen gemacht hat. Tatsache ist, daß nun erst die Sprache jenes Gewicht erhält, das Karl Kraus ihr zuschrieb. Daß freilich schon in den früheren Stücken viel an Wortwitz vorhanden war, ist eine Tatsache, aber nahezu alles, was sich als Sentenz zitierbar erweist, stammt meist aus den Stücken ab etwa 1835. So kontroversiell auch die Stellung zu Nestroy sein mag – in bezug auf diese Zäsur stimmen nahezu alle Forscher überein, wie aus einer sehr hilfreichen schematischen Darstellung der Forschungslage von Jürgen Hein klar hervorgeht. (Hein 1990, 64 f.) Es geht nicht darum, den späten Nestroy gegen den frühen auszuspielen, sondern vielmehr darum, die eine Linie nachzuziehen, die sich aus der Entwicklung der Sprache Nestroys ergibt.

11. Vom Schein zum Vorschein

Die Sprachbehandlung ist in engem Zusammenhang mit dem Bühnenspiel zu sehen; daran ändert auch der Umstand nichts, daß Nestroys Werk seine Haltbarkeit vor allem der Wortkunst verdankt. Diese manifestiert sich besonders darin, wie Nestroy mit den Bildern und mit Redewendungen umgegangen ist. Dies mag nach der Auffassung Sengles als einer der Irrwege gelten, die ich im Gefolge von Karl Kraus betrete. Die Untersuchungen, die sich auf Thematisches konzentrieren, führen, wie mir scheint, zwar erfolgreich zu Gegenpositionen, jedoch wird das Werk so in eine historische und im besonderen sozialhistorische Aussage übersetzt und für eine bestimmte weltanschauliche Einstellung in Anspruch genommen. Daß ein Werk solchen Interessen dienstbar gemacht wird, ist grundsätzlich nicht verwerflich, nur gerät dabei meist in Vergessenheit, warum gerade ein Autor vom Range Nestroys immer dazu herhalten muß, etwas zu belegen, was man durch andere Werke von vergleichsweise geringerem Kaliber bekömmlicher serviert bekäme. Heuristisch wertvoller als die Frage, ob Nestroy nun konservativ oder progressiv sei, ob er es mit dem Adel oder den Bürgern oder gar mit den Plebejern halte, scheint mir die Frage, warum

Nestroy sich eindeutigen Festlegungen hartnäckig entzieht, was sich ja in der Unterschiedlichkeit der Resultate einschlägiger Untersuchungen nur zu deutlich manifestiert.

Die Literaturwissenschaft hat sich bis heute viel zuwenig auf die von Kraus eingeschlagenen »Irrwege« begeben: Der Zugang zu Nestroy muß aus den Texten kommen, und so wichtig das Bühnenleben seiner Stücke ist – er ist zum Gemeingut der Leser geworden. Sein Werk ist, würde ich polemisch formulieren, zu wichtig, um es den Regisseuren zu überlassen. Was den Genuß betrifft, so ist beim Lesen eindeutig ein Sur-plus im Vergleich zum Zuschauen zu erzielen, wenngleich ich konzediere, daß ich weder die guten noch die schlechten Nestroy-Aufführungen missen möchte, die ich gesehen habe: jene, weil sie zu den schönsten Theatererlebnissen gehörten, diese, weil sie meinen lebenserhaltenden Ärger förderten. Um die Dichte der Einfälle, die sprachliche Virtuosität, ja selbst die szenische Umsetzung würdigen zu können, ist aber die möglichst genaue Lektüre erforderlich. Das gilt selbst für alle jene Possen, um die sich weder Theater noch Literaturwissenschaft besonders gekümmert haben.

Einer, der den von Karl Kraus vorgeschlagenen »Irrweg« gegangen ist, war Siegfried Brill, dessen Dissertation »Die Komödie der Sprache« ihr Programm im Titel trägt. Seine Hauptthese billigt der Sprache eine eigene Handlungsebene zu; durch die Sprache, durch die Sprachschablone werde ein Schein etabliert, der entweder ironisch bestätigt oder zerstört werde. Brill resümiert: »Die Sprachkomik dissoziiert einerseits das Werk in die episodischen

Sprachszenen, andererseits besorgt sie die neue Untermauerung der Fiktion durchs Nutzen des Sprachmaterials. Die Schablone erhält somit den Schein einer eigengesetzlichen dramatischen Handlung. Doch dieser hebt sich in dialektischer Bewegung selbst wieder auf, indem das artistische Spiel offenbar wird, und die Fiktion zerbricht. Nestroy versteckt und enthüllt die Schablone. Der offenbare Kunstgriff, der dies herbeiführt, läßt das Spiel mit der Schablone als werkimmanente Intention erkennen.« (Brill 1967, 97 f.)

Ein Beispiel soll erhellen, worauf diese etwas preziösen Formulierungen hinauslaufen. Dieses hatte Karl Kraus schon herangezogen. Im »Zerrissenen« ärgert sich der Bauer Krautkopf, empört über die schlampige Arbeitsweise seiner Knechte: »Kraut und Ruben werfeten s'untereinand, als wie Kraut und Ruben!« (II 1; SW 21, 57; Kraus 1912, 12) An dieser Stelle macht sich die Sprache über sich selbst Gedanken, denn Krautkopf macht sich keine: Er hat den ursprünglichen Sinn der Redewendung in seinem Bewußtsein gelöscht und nimmt nicht wahr, daß die Floskel von »Kraut und Ruben« etwas zuläßt, was er in der Wirklichkeit nicht zulassen möchte, nämlich »Kraut und Ruben« so zu behandeln als wären es solche Nichtigkeiten wie »Kraut und Ruben«.

Daß Brill damit dem Gespräch über Nestroy eine fruchtbare Perspektive eröffnete, sei nun mehr als dreißig Jahre nach Erscheinen der Dissertation mit Entschiedenheit betont, die Radikalität aber, mit der er die Entstehung der Komik als einen sprachinternen Vorgang auffaßt, wurde – auch das ist verständlich – nicht uneingeschränkt akzeptiert. In seiner Dissertation über die »Dramatisierung des komischen Dialogs. Figur und Rolle bei Nestroy« nahm Ansgar Hillach seinen Ausgangspunkt von einer Kritik an den Thesen Brills, dessen »an sich richtige Beobachtungen« durch »Gewaltsamkeiten, die in der rigorosen Vereinfachung der Nestroy'schen Kunstmittel und ihrer Funktionen« lägen, ihre Bedeutung verlören. (Hillach, 1967, 18) Dabei geht es Hillach weniger um die theaterwissenschaftlichen Aspekte als um die poetologische Frage, wie die szenische Realisation in den Texten mitreflektiert ist. Das richtet sich etwa gegen die von Brill behauptete »absichtslose Hingabe an die Sprache« (Brill 1967, 189), um »den Schein zu zerschlagen und das Wahre aufblitzen zu lassen«. (Brill 1967, 191) Der Streit zwischen Brill und Hillach mag heute als obsolet und als verspäteter Nachtrag zu den werkimmanenten Verfahren der fünfziger und frühen sechziger Jahre angesehen werden; aus unserer Sicht scheinen die Arbeiten komplementär zu sein und einander sinnfällig zu ergänzen. Es lohnt sich nach so langen Bemühungen um das Biographische, Politische und Sozialhistorische, wieder zu den Texten zurückzukehren und ihre Qualitäten – freilich die neuen Erkenntnisse mitbedenkend – neu zu beschreiben. Denn daß die entscheidende Differenzqualität Nestroys zu den für das Volkstheater schreibenden Vorgängern, Zeitgenossen und Nachfahren in der Instrumentalisierung der Sprache liegt, dürfte kaum anzuzweifeln sein. Um dies würdigen zu können, sind so radikale Verfahren wie die Ausblendung des Szenischen durch Brill notwendig, mögen sie sofort auch den Widerspruch aller redlich und historisch Denkenden auf den Plan rufen. Von den historischen Gegebenheiten sehen beide, Hillach und Brill, meistens ab, und das bedeutet zwar eine Verengung des Blicks, zugleich aber auch dessen Schärfung.

Die Dignität, die einem literarischen Gegenstand bei der Kritik zukommt, wird ja immer erst durch den Willen der Befaßten, sich auf Einzelheiten, seien es einzelne Worte, Sätze, ja Laute streitbar einzulassen, bestimmt, kurzum die Schriftgelehrten heiligen den Text durch die Ausführlichkeit und Detailliertheit ihrer Kontroverse. Zwar ist die Intensität der Einlassung auf Nestroy nicht vergleichbar mit der auf Hölderlin, Kleist oder Büchner, doch ist man sich in den letzten Jahren der Dringlichkeit, die Schriften Nestroys durch close reading zu begleiten, mehr und mehr bewußt geworden. Befremdlich ist bei alledem weniger die unvermeidliche Spezialisierung als vielmehr der bis auf den heutigen Tag unausrottbare Glaube, man müsse im Streit einer Interpretation zum Siege verhelfen. An dieser Haltung haben auch die Debatten und Ergebnisse der Rezeptionsästhetiker in den siebziger Jahren nichts zu ändern vermocht. Statt aufgrund der Tatsache, daß es eine Auseinandersetzung gibt, nach ihren Ursachen zu fragen und den Streitwert des Objekts zu bestimmen, gewinnt dieses ein Eigenleben, das für den Lebensunterhalt der streitenden Parteien sorgen soll. Solcherlei dient dem akademischen Betrieb – und nicht nur diesem – als Elixier. Niemand fragt, warum ein solcher Aufwand mit Nestroy getrieben wird, während es um Friedrich Kaiser, diesen doch so produktiven, dramaturgisch gewandten und manchmal auch erfolgreicheren jüngeren Zeitgenossen, noch immer ziemlich still ist. Die großen Literaturtheoretiker sind besonders asketisch und begnügen sich mit ein paar Gedichten von Rilke und einer Erzählung von Kafka und sind verstört, wenn man von ihnen auch einmal etwas anderes über andere Texte hören will, während Sozialhistoriker der Literatur sich gerne mit der gereizten Frage profilieren, warum die Literaturwissenschaftler sich immer noch vorzugsweise mit Goethe und nicht mit Schlosser, mit Fontane und nicht mit Karl May, mit Thomas Bernhard und nicht mit Konsalik beschäftigen.

Dieser kurze Exkurs in die akademische Verhaltensforschung führt zu Nestroy zurück: Sein Werk bedient die unterschiedlichen wissenschaftlichen (und feuilletonistischen) Interessen, es ist offen für pragmatische sozialhistorische Erörterungen gröbster Natur, es ist offen für die diffizilsten Fragen der Dramenästhetik, es lädt unablässig ein zu Vergleichen, es lädt ein zum Wildern in Gedankenparadiesen und zu Ausritten in die Metaphysik, es ist der Vergangenheit verpflichtet und weist in die Zukunft, und diese auseinanderstrebenden Bemühungen lassen sich schwer unter einen Hut bringen. Brill und Hillach, die in Opposition zueinander zu stehen scheinen, tummelten sich nur auf demselben Feld, und wie es häufig in der Wissenschaft ist: Wenn zwei nicht dasselbe tun wollen, tun sie es doch. Durch diese Arbeiten wird das festgeschrieben, was zu ihrer Zeit an Nestroys Werk zur ästhetischen Reflexion herausforderte, nämlich die Rolle der Sprache. Damit wird auch jenes Segment in Nestroys Werk einer Sonderbehandlung unterzogen, das gemeinhin als das beste gilt, nämlich die Periode von 1840 bis 1846.

Brill und Hillach beziehen nahezu alle für sie illustrativen Beispiele aus dieser Epoche. Damit wird ein Teil des Œuvres kanonisiert, und die Gründe dafür liegen auf der Hand: Stücke wie »Der Talisman«, »Einen Jux will er sich machen«, »Der Zerrissene«, »Das Mädl aus der Vorstadt« und »Der Unbedeutende« verlassen sich auf bühnenwirksame Vorlagen, die ihre Bewährungsproben schon bestanden hatten, sie überzeugen durch die vergleichsweise kompakte Handlungsführung mit effektvoller Klimax in der Herstellung der Spannung; Nestroy vertraut nicht mehr einer Offenheit, die sich aus der revueartigen Aneinanderreihung der Szenen ergibt, sondern konzentriert die Handlung um wenige Personen, vor allem um die eine Zentralfigur, so daß er sich dem strengen Typ der Charakterkomödie zu nähern scheint. Man kann dies auch anders lesen und meinen, Nestroy sei zur Freiheit der frühen Stücke auf Distanz gegangen, habe sich dem Diktat einer Norm unterworfen und somit nicht nur von seiner ursprünglichen Ungebundenheit, sondern auch von dem Theater, dem er entstammte, verabschiedet und sei ein recht konventioneller, ja stromlinienförmiger Autor geworden, dessen Schriften sich endlich auch den um Sinnstiftung Bemühten anböten. Das träfe zu, stünde dem nicht die Kraft der Sprache entgegen, die gerade in diesen Werken ein Höchstmaß an Konzentration zu erreichen scheint. Wer Nestroy in eine Geschichte des Lustspiels aufnimmt, beruft sich meist auf die Werke aus dieser Epoche. Das hat seine Gründe, denn diese Stücke ermöglichen es eher als die früheren oder späteren, sich auf Charaktere einzulassen, ihre Entwicklung zu beleuchten und das Exemplarische ihres Verhaltens schulmäßig herauszuarbeiten. Das ist das Nadelöhr, durch das Nestroy in den Kanon der Schullektüre kommt, und da sind als Ausnahmen allenfalls der »Lumpacivagabundus« (für unsere Kleinen) oder »Freiheit in Krähwinkel« (für den Geschichtsunterricht in der Oberstufe) zulässig.

Dieser Umweg über die Kanonbildung sollte an dem Schulbeispiel Nestroy bewußt machen, welch ungeheurem Reduktionsprozeß Literatur in der didaktischen Verwertungsgesellschaft unterliegt, deren Trägheitsmoment sie auf Bewährtes ungern verzichten läßt. So bewundernswert die oben angeführten Stücke sind, je mehr man auf das Gesamtwerk eingeht, desto dringlicher scheint es, diese kanonischen Grenzen zu überschreiten und die vitale Regenerationsfähigkeit und Unterschiedlichkeit dieser vis comica in allen Werkphasen herauszustellen und überdies die Themenvielfalt besser in den Griff zu bekommen. Denn durch Nestroys Stücke gehen jene Diskurse, die im 19. Jahrhundert bestimmend sind, und die Weitwinkelperspektive auf das überlieferte Textcorpus in seiner Gesamtheit ist mehr als angebracht, um die Gültigkeit dieses Werkes über die Bühne seiner und unserer Zeit hinaus wenigstens an einigen Beispielen zu erörtern.

12. Die Natur kränkelt

Vorerst soll jedoch die Engführung über ein Stück, und zwar den »Zerrissenen« weiterhelfen. Gerade dieses eignet sich, um Nestroy aus den allzu straffen Banden des Lokalen herauszunehmen und zugleich wieder als einen Neuen auf die Bühne des Theaters unserer Zeit zu stellen.

Daß Nestroy in diesem Falle seiner Vorlage mehr verdankte, als Rommel in seiner Analyse annehmen wollte, hat Jürgen Hein in seiner Edition des Textes mit guten Gründen untermauert und dabei die »stärkere und theaterwirksamere Akzentuierung der dramatischen Momente« hervorgehoben, zugleich auch gezeigt, wie die Bühne für den Auftritt der Hauptfigur »leergefegt« wird. (SW 21, 138 f.) Das Vaudeville »L'homme blasé« von Duvert und Lauzanne wurde 1843 in Paris gegeben. Am 9. April 1844 ist Nestroy schon mit seinem Stück zur Stelle; die Uraufführung wurde vom Publikum bejubelt.

An die entscheidenden Momente der Handlung sei kurz erinnert: Herr von Lips ist der Zerrissene: Er ist so reich, daß ihn nichts mehr freut; er würde Schicksalsschläge benötigen, und da raten ihm die Freunde zur Heirat. Er faßt den Entschluß, die erstbeste Frau, die ihm begegnet, auch zu ehelichen. Das ist Madame Schleyer, die den Antrag annimmt, aber von Lips' Gleichgültigkeit wenig angetan ist. Auch Frau Schleyer hat eine Vorgeschichte: Der Schlosser Gluthammer, der von der Dame einmal schnöde verlassen worden war, bekommt Kenntnis davon, und im Handgemenge stürzen Lips und er selbst vom Balkon in den Fluß. Beide überleben, aber jeder wähnt, der Mörder des anderen zu sein. Lips sucht nun als Knecht verkleidet bei einem seiner Pächter, dem Bauern Krautkopf, Zuflucht; nur sein treues Patenkind Kathi weiß davon und hilft ihm in dieser ungewohnten Rolle, die sein Verhältnis zur Wirklichkeit wandelt. In der Verkleidung bemerkt er auch, wie wenig seine schmarotzenden Freunde von ihm halten, und ändert sein Testament zugunsten Kathis. Nach einigen Turbulenzen – unter anderem wird Lips erkannt und verhaftet – kommt es zu einem guten Ende: Gluthammer und Lips treffen zusammen, halten einander zunächst für Gespenster, erkennen aber dann, daß sie noch aus Fleisch und Blut sind. Lips hat seine Gleichgültigkeit überwunden und bekennt sich als »verlebter, verliebter Verlobter« zu der treuen Kathi. (III 11; SW 21, 93)

Wenn Nestroy von der geschickt gebauten Vorlage profitiert, ist doch die Differenzqualität entscheidend; und was die Konzeption der Titelfigur des Herrn von Lips betrifft, so ist diese dem Monsieur Nantouillet bei Duvert und Lauzanne nicht nur in ihrer szenischen Präsenz, sondern auch in ihrer intellektuellen Ausstattung und Sprachkompetenz überlegen. Der Handlungsverlauf in beiden Stücken ist so gut wie identisch, auch im Dialog gibt es eine Reihe von aufschlußreichen Übereinstimmungen, doch werden die Akzente von Nestroy so gesetzt, daß der Zerrissene aus sich heraus seine Befindlichkeit und seine historische Position viel triftiger formuliert als der »Homme blasé«. Auch die Titeländerung suggeriert eine Akzentverlagerung: Nicht das Abgestumpfte, Entnervte, Übersättigte sollte den Charakter bestimmen, sondern vielmehr eine innere Zerrissenheit, die aber auch eine viel komplexere Weltsicht bedingt, als sie der bloße Überdruß hervorzubringen vermöchte. Die zeitgenössische Kritik hat mit Recht bemerkt, daß dem Herrn von Lips diese Qualitäten nicht zukommen; er sei kein Verwandter von Byrons Manfred und Goethes Faust, notiert ein Rezensent in der Leipziger *Illustrirten Zeitung*: »Ein Zerrissener dieser Art und in diesem Sinne wäre hierlandes eine doch gar zu außerordentliche Erscheinung, es müßte denn sein, ein Original dieser Sorte wäre über den Canal und den Rhein herübergeschmuggelt worden und triebe nun in erschreckender Wirklichkeit sein Unwesen.« (SW 21, 167) Nantouillet bekennt sich als Zögling des Zeitgeistes, er sei von den Ideen »à la mode« verführt worden. Herr von Lips hat sich von jenen Weltschmerzlern entfernt, Lenaus schwere Melancholie ist seine Sache nicht, er hat den Modetyp des »Zerrissenen« – in den dreißiger Jahren des 19. Jahrhunderts der Halbbruder des »Europamüden« – bereits verabschiedet und ist unterwegs zu Dekadenz und Moderne – seine Mittel erlauben ihm das. Der unerhörte, von keiner Gefahr bedrohte Reichtum verblendet ihn nicht wie den Herrn von Goldfuchs, sondern gibt ihm hinlänglich Zeit zur Selbstanalyse. Im Auftrittslied definiert er sich als den Zerrissenen par excellence; nichts vermag ihn zu fesseln, nichts betrifft ihn wirklich, und zugleich vermag er den Grund seines Schmerzes nicht zu erklären.

Die Figuren der Volkskomödie gewinnen ihre Glaubhaftigkeit paradoxerweise gerade dadurch, daß sie ihre fundamentalen Charaktereigenschaften nicht zu erklären vermögen und ihre Schöpfer – dankenswerterweise – billige Psychologisierungen oder biographische Herleitungen meiden wie der Teufel das Weihwasser. So ist der Menschenhaß Rappelkopfs in Raimunds »Der Alpenkönig und der Menschenfeind« ebenso radikal wie unerklärlich, so fragt in Nestroys »Haus der Temperamente« die Melancholikerin Irene: »Ist nicht der Schmerz der tiefste, welcher grundlos ist?« (I 4; SW 13, 19), und Herr von Lips singt: »»[M]üßt' i erklär'n wem den Grund von mein'n Schmerz,/So stundet ich da, als wie's Mandl beym Sterz.« (I 5; SW 21, 34) Die durch die Bilder hergestellte Evidenz ist für die Bühne stärker als jede Begründung, mag sie sich auch noch so wissenschaftlich geben. Lips verfügt über die Allegorie, und er erfaßt auch seine Situation und die der ihn umgebenden Gesellschaft in einem solchen Bild: »Langeweile heißt die *enorme, horrible* Göttin, die gerade die Reichen zu ihrem Priesterthum verdammt, Palais heißt ihr Tempel, *Salon* ihr Opferaltar, das laute Gamezen und das unterdrückte Gähnen ganzer Gesellschaften ist der *Choral* und die stille Andacht, mit der man sie verehrt.« (I 5; SW 21, 35) Was in den frühen Stücken noch zu den Dramatis personae gehörte, erscheint nun nur mehr, wenngleich höchst anschaulich, als Sprachfigur, und so wie es Jean Paul bei Klopstock beobachtet hatte, zieht nun Nestroy die »Blätter und Staubfäden« der Metapher »zu einer Allegorie auseinander und bestreut mit deren Blumenstaube die nächsten Perioden«. So entsteht vor uns das Bild einer Göttin, einer Verwandten von Baudelaires démon ennui, dem Schutzpatron des Dandyismus.

In seiner Selbstanalyse kann Lips – ganz anders als

Herr von Nantouillet – Distanz zu sich selbst gewinnen. Sogar die eigene Person wird ihm gleichgültig, er würde ihr keine Träne nachweinen wollen. Narzißmus schiene ihm zu aufwendig und suspekt. Er ist der für Nestroy typische Einzelgänger; keinem Familienverband angehörig, muß er auch keine Familienfassaden pflegen oder restaurieren. Die Zeiten des Abenteuers scheinen für ihn vorbei zu sein. Ein solches kann es für ihn auch in der Liebe nicht mehr geben, da sich vor dem Reichen alles verbeugt. Er sieht sich auf »fade Alletagsgenüsse *reduciert*« (I 5; SW 21, 35), und so bleiben ihm nur sein Haus und seine Freunde, deren dubioser Charakter für ihn schon außer Zweifel steht, ehe sie sich als brutale Schmarotzer entpuppen. Obendrein ist er sich seiner Sonderstellung bewußt: Obwohl erst 38 Jahre alt (Nantouillet ist gar erst 32; SW 21, 222), fühlt er sich »alt, uralt, Greis, Tatl«. (I 6; SW 21, 37) Seinem Status als Greis entsprechend kann er sich nicht mehr von Hoffnungen, sondern nur noch von Erinnerungen nähren. Wen die Vergangenheit derart überwältigt, für den wird die Zukunft gleichgültig. Lips' plötzlicher Entschluß, die Frau zu heiraten, die als erste bei der Tür hereinkommt, ist Ausdruck dieser Gleichgültigkeit der Ehe und der Familie gegenüber. Basiswerte der Biedermeierzeit werden so leichtfertig aufs Spiel gesetzt.

Lips fordert, um der Langeweile einen Reiz abzugewinnen, wieder die Launen des Glückes heraus und macht die Ehe zum Glücksspiel: »Wähl' ich vernünftig, so haben schon Hunderte so gewählt, und wähl' ich dumm, so haben schon Millionen Leut' so gewählt; […] Ich wähle ohne Wahl, ich treffe eine Wahl ohne zu wählen.« (I 6;

SW 21, 38) Lips gefällt sich darin, ein personifiziertes Paradoxon zu sein; das hilft ihm über seine Langeweile wenigstens für den Augenblick hinweg und verschafft ihm das Gefühl der Besonderheit.

Wie kann einem Menschen vom Schlage eines Lips geholfen werden? Auf keinen Fall mit einer konventionellen Therapie. Heilung durch die Natur – so lautete das gängige Rezept, das auch auf der Bühne des Volkstheaters zur Anwendung gelangte: Ferdinand Raimunds Rappelkopf in »Der Alpenkönig und der Menschenfeind« erinnert nicht von ungefähr an Lips; er aber setzt sich der Natur aus, fordert sie heraus und wird letztlich durch den Alpenkönig als den Inbegriff der positiven Naturgewalten geheilt. Ein Ortswechsel nutzt nichts. Die Natur ist durch die Kunst schon verbraucht. In »Zwey ewige Juden und keiner« (1846) klagt der Kunstmaler Kranz: »Wo was Neues finden? Um jeden steyrischen Felsen sitzen drei Mahler herum und bemseln drauf los; jedes Bachbrückel, jedes Seitel Wasserfall – prangt auf der Leinwand, das ganze Salzkammergut existirt in Öhl, die Schweitzernatur hat keine Quadratklafter mehr die nicht schon zehn Mal in der Kunstausstellung war.« (I 13; SW 24/I, 17 f.) Ein Ausspruch, der an Gustav Mahlers berühmtes Wort zu Bruno Walter erinnert, er habe die Berge des Salzkammergutes (!) schon »wegkomponiert«. (Pflicht 1987 121 f.) Die Kunst löscht die Natur aus, sie braucht sie förmlich auf, die Natur existiert nur noch dadurch, daß sie auf die Leinwand gebannt wurde.

Nestroy wußte um die Europamüdigkeit seiner Zeitgenossen, die sich von der Landschaft Nordamerikas Abwechslung erhofften. Charles Sealsfields Beschreibung der Prärie am Jacinto – ein Schlüsseltext für das Naturverständnis des 19. Jahrhunderts – fand sich in seinem »Cajütenbuch« von 1841. Der Erzähler schöpft aus diesem Abenteuer, das ihn an den Rand des Todes brachte, aufgrund der überwältigenden Schönheit und Macht der Natur einen neuen Gottesbegriff: »Der Gott Moses, der aus dem glühenden Dornbusche sprach, ist ein Kindergott gegen den Gott, der hier allergreifend vor Augen tritt, klar, greiflich aus dieser unermeßlichen Wiesen-, Insel- und Baumwelt vor Augen tritt. […] Wie siegend brachen bei jedem solchen Luftzuge die Strahlen der Sonne durch, diese himmlischen Schleier und die kolossalen Baummassen schienen mit dem Luftstrome heranzuschwimmen, zu tanzen durch die unglaublich transparente Atmosphäre. Ein unbeschreiblich glorioser Anblick!« (Sealsfield 1982, 44 f.) Eine solche Emphase ist der Anschauung der europäischen Natur versagt; der bereits zitierte Maler Kranz weiß hingegen über Amerika zu sagen: »Da gibt's noch Objecte; wenn ihm sein Niagara-Fall gut ausfällt, sind wir geborgen, dann erst seine Mississippi-Bilder mit Hyänen- und Boa-Constrictor-Staffagen, wenn die erscheinen, da is alles hin, was je eine lichtgrüne Landschaft mit lilafarbe Berg gmahlen hat.« (I 13; SW 24/I, 18; vgl. auch 24/I, 19)

Vielleicht könnte die Natur in Amerika Lips heilen, in jedem Falle hat das Naturschöne und damit auch die therapeutische Kraft der Natur für ihn ausgespielt: »Sag' mir ein Land, wo ich was Neu's seh'; wo der Wasserfall einen andern Brauser, der Waldbach einen andern Murmler, die

Wiesenquelle einen andern Schlängler hat, als ich schon hundertmahl g'sehn und gehört hab – führ mich auf einen Gletscher mit schwarzem Schnee und glühende Eiszapfen, – segeln wier in einen Welttheil, wo das Waldgrün lilafarb, wo die Morgenröthe paperlgrün ist! – Laßts mich aus, die Natur kränckelt auch an einer unerträglichen Stereotipigkeit.« (I 6; SW 21, 37) In dieser Formulierung verkümmern die Lieblingsmotive der romantischen und biedermeierlichen Landschaftsmalerei zum Klischee. Das Hochgebirge, in dem sich Goethes Faust nach der Gretchentragödie förmlich regeneriert, scheint für Nestroy an einer »unerträglichen Stereotipigkeit« zu leiden. Faust hingegen liest der Natur eine neue Lebensmaxime ab: »Am farbigen Abglanz haben wir das Leben.« (Goethe 1994, 206)

Nestroys Eingriff in die Natur ist ein Vorgriff auf eine neue Kunst, die sich vom Naturschönen entschieden abwendet und dieses nur in paradoxaler Umgestaltung erträgt. Die Natur, sonst Garantin der Fülle und der Vielfalt, verfällt dem Verdikt des Déjà-vu und kann sich nur mit dem Oxymoron des »schwarzen Schnees« retten.

Nicht durch das Landleben und schon gar nicht durch die bäuerliche Arbeit kann Lips geheilt werden. Nicht Beethovens pastorales Erwachen seliger Empfindungen bei der Ankunft auf dem Lande erklingt hier. Als Lips die ersten Erfahrungen in seiner Arbeit als Knecht gesammelt hat, da setzt er zur Radikalkritik an der idyllischen Literatur an. Unerbittlich will er sich an den Dichtern rächen, »die die Wiesen einen Blumenteppich, die den Rasen rasender Weise ein schwellendes grünes Sammetkissen nennen«; er möchte sie »drey Stund lang barfuß herumjagen« in der »so einfältig angeverselten Landnatur«. (II 9; SW 21, 68) Der gebildete Nantouillet hat es weniger auf die zeitgenössischen Dichter abgesehen als auf Vergil, den Schöpfer des Unheils. Dieser Städter kann nicht schwärmen von gesunder Luft und gesunder Arbeit. Wie anders ist doch die Rustikalität Nestroys im Vergleich zu jenen Dichtern, die später der väterlichen Scholle lebensspendende Kraft zusprachen! Peter Roseggers Roman »Erdsegen« (1900) variiert das tragende Motiv des zweiten Aktes von Nestroys »Zerrissenem«, die Tätigkeit als Knecht bei dem Bauern: Ein Journalist wettet, er könne ein Jahr auf einem Bergbauernhof überstehen. Das geht trotz erheblicher Anfangsschwierigkeiten gut aus, und am Ende steht die Vermählung mit einer Bauerntochter. Roseggers Journalist wird durch die Natur und durch die Bauernarbeit geheilt, während Lips einer viel radikaleren Kur bedarf. Doch sind die Bauern bei Nestroy von einem ganz anderen Schlag als die stämmigen, holzgeschnitzten Typen, deren Redlichkeit zum Maßstab naturgewachsener Moral schlechthin werden konnte! Krautkopf ist ebenso naiv wie schlau, und er ist alles andere denn selbstlos; er hat es auf Kathi abgesehen, da sie zur Erbin Lips' eingesetzt wurde. Lips weiß, daß ihm die Rückkehr zur Natur verwehrt ist, das Idyll kann nur mehr ironisch herbeizitiert werden. Die Vorlage von Duvert und Lauzanne verhält sich ganz anders; da bürgt die Natur immer noch für die nötige heilsame Wirkung.

Lips' Leiden sitzt tiefer, als daß es durch die Naturheilmethode behoben werden könnte. Die Radikalkur kann nur dadurch erfolgen, daß die Possenhandlung jäh mit der Ernstfarbe des Todes übermalt wird. Gewiß – es ist ein Bühnentod, es ist nur ein von Lips und Gluthammer wechselseitig vermuteter Tod, aber beide werden sich plötzlich dessen inne, was sie getan haben. Wie Nestroy die Schuldgefühle beider gestaltet, das stört empfindlich den Ton, auf den die Gattung der Posse sonst gestimmt war. Schon die harte Arbeit, zu der Lips unfähig ist, belehrt ihn, und er weiß nun, daß es ihm zu gut ging. Aber seine Blasiertheit legt er keineswegs ab. Zu Kathi, der einzigen positiven Figur des ganzen Ensembles, verhält er sich zunächst herablassend und zudringlich. Zur Einsicht kommt er erst, als er das schmähliche Verhalten seiner Freunde zur Kenntnis nehmen muß. Es sind also nicht – sieht man einmal von Kathi ab – die guten Gegenkräfte, die Lips heilen, sondern es ist die Einsicht in das miserable Verhalten der anderen. Timon von Athen wandelt sich aus einem ähnlichen Anlaß vom Menschenfreund zum Menschenfeind; daß Lips nicht dem Beispiel dieses Prototyps aller Misanthropen folgt, verdankt er nur Kathi.

»Der Zerrissene« verdankt mehr als an der Oberfläche und in der Handlungsstruktur sichtbar wird, der Mechanik des Besserungsstückes. Doch gründet diese bei Nestroy nicht – wie bei Raimund – im Wirken von Geistern und Naturgewalten, die einem grundsätzlich guten Schöpfungsplan dienstbar sind, sondern manifestiert sich als eine Serie dramaturgisch wirksam eingesetzter Zufälle, denen lediglich Kathis Initiative so etwas wie eine Richtung auf ein gutes Ende hin gibt.

Die Frage, ob Lips denn nun wirklich geheilt sei, ist Ausdruck schulmeisterlicher Besorgtheit. Man sollte zu diesen Enden der Nestroy'schen Stücke – wie schon im Zusammenhang mit dem »Lumpacivagabundus« angedeutet – ein entspannteres Verhältnis haben. Aus dem Zerrissenen sei, so der Herr von Lips selbst, ein ganzer Mensch geworden: »[D]ie ganze ehliche Hälfte hat mir g'fehlt« – ein ferner, ironisch gebrochener Nachhall aus Platons »Symposion«; da heißt es in der Erzählung des Aristophanes, daß Mann und Frau, ursprünglich ein einziges Wesen, getrennt worden seien und seither sich in Sehnsucht nach einander verzehrten (angedeutet auch im Kommentar von Jürgen Hein, SW 21, 141). Wie sehr sich Nestroy gerade um diesen Schluß mühte, geht aus der Vielzahl der Varianten hervor, die im Apparat der Historisch-kritischen Gesamtausgabe mitgeteilt werden. (SW 21, 191)

Das Finale mag manchem als forciert glücklich erscheinen; doch nicht nur deswegen wurde es getadelt. Eine Stimme aus der DDR ist in einer Untersuchung, die sehr gründlich den Zeithintergrund der Wiener Volkskomödie ausleuchtet, wie folgt zu vernehmen: »Die Verbindung zwischen Lips und Kathi wird ehrlich und logisch von Nestroy begründet, trotzdem ist sie, gemessen an der historischen Entwicklung, ein kleinbürgerlicher Ideal-Ausweg, ohne das bei Nestroy gewohnte Augenzwinkern.« (May 1975, 192) Solcherlei war besonders in den siebziger Jahren zu haben, und nicht nur in der DDR: Die Interpreten glaubten, genau darüber Bescheid zu wissen, was der »historischen Entwicklung« angemessen war, wie Falsches vom Richtigen zu trennen wäre, vor allem aber meinte man auch, vom Autor durch Augenzwinkern zum Mitwisser gemacht zu werden. Ein solches Bündnis wie das zwischen Lips und Kathi kann, so läßt sich diese Interpretation deuten, nicht der historischen Wahrheit entsprechen, weil sie den Klassengegensatz negiert.

Da sei »Der Talisman« schon anders, denn diese Posse würde »in der Beziehung zwischen der Armut und ihren feudalen Nutznießern eindeutig *unversöhnlich*« enden – Titus Feuerfuchs verzichtet auf eine Erbschaft; »das heißt die zufällige Form des Gelderwerbs, er benötigt ein Betriebskapital, um mit eigener Kraft zu gesellschaftlicher Geltung zu kommen.« (May 1975, 164) In einer Interpretation dieser Art wird mit den Unterdrückten sofort Sympathie hergestellt, zumal dann, wenn sie die Fäuste zu erheben scheinen. Titus und Salome, die beiden Rothaarigen, haben zueinander gefunden; sie wissen, daß die Umwelt immer noch das Vorurteil gegen Leute ihrer Haarfarbe hegt, aber Titus erkennt zu Recht, daß diese Regel sich ändern würde, wenn sich die statistischen Grundlagen änderten, denn, so betont er, wenn es mehr ihres Schlages gäbe, dann »käm' die Sach' in Schwung« (III 21; SW 17/I, 86), und dazu wollten er und Salome das ihnen Mögliche beitragen. Löst man diese Schlußszene wiederum aus dem Kontext des Ganzen, so läßt sie sich sehr schön als die Solidarisierung der Außenseiter deuten, die ihre Fäuste drohend gegen die erheben, die über das Kapital verfügen.

Zwar steht außer Zweifel, daß dieser Schluß seine Wirkung nicht verfehlt und bis auf den heutigen Tag nichts von seiner – wir wollen das Wort ruhig riskieren – klassenkämpferischen Brisanz verloren hat. Es stellt sich vielmehr die Frage, ob es angebracht ist, die Stücke Nestroys – und das gilt für den »Talisman« wie für den »Zerrissenen« – vom Ende her zu lesen und von diesem aus das vorangehende Bühnengeschehen auf eine Reihe zu bringen.

13. Göttin Langeweile

In beiden Fällen kommt es daher zwangsläufig dazu, die Hauptfiguren so herzurichten, daß sie zur Botschaft, die man dem Schluß ablesen will, auch passen: So muß May viel Scharfsinn darauf verwenden, um aus diesem doch sehr fragwürdigen Karrieristen Titus Feuerfuchs einen Helden zu machen, der an den gesellschaftlichen Widersprüchen seiner Zeit leidet:

»Die ironische Distanz des Feuerfuchs schließt die Identität mit bürgerlichen Schichten ebenso aus wie sie die Verachtung dieses philiströsen Lebensstils verdeutlicht. [...] Das Vagabundentum des wandernden Handwerksgesellen wird als Zwischenstadium betrachtet und bildet mit seinen vielfachen Entwicklungstendenzen zum Bourgeois oder Proletarier, zum Deklassierten oder gar zum Verbrecher den Nährboden der Verhaltensweisen und Ansichten des Titus Feuerfuchs: rebellierende Verworfenheit als Protest gegen eine unfreundliche und herzlose Welt.« (May 1975, 159 f.)

Auch wenn die Bezeichnung »Vagabundentum« für die Wanderexistenz des Titus nicht ganz zutreffen dürfte, so zeichnet May doch schön nach, wie präzise Nestroy seine

Figuren aus ihrem Beruf konzipiert hat, wie dieser Beruf nicht nur die soziale Stellung, sondern auch den Gefühls- und Gedankenhorizont im wahrsten Sinne des Wortes definiert. In zunehmendem Maße wird die Identität der Protagonisten im 19. Jahrhundert durch den Beruf bestimmt; aus dem Beruf ergibt sich die Sprache, und die Nestroyschen Figuren sind in diesem Sinne auch Sprachfiguren.

Titus Feuerfuchs ist zwar nur ein »vacierender Barbiergeselle«, aber er kann selbst durch diese zweifelhafte Profession eher Konturen gewinnen als Lips, dessen permanente Identitätskrise ja nicht zuletzt darin gründet, daß er als Kapitalist so gut wie berufslos ist. Lips kommt daher – zumindest in den Komödien dieser Phase – eine Sonderstellung zu: Er ist nicht berufstätig, ja er ist unfähig dazu. In »Lady und Schneider« findet der Sekretär Fuchs angesichts des tatsächlich sehr schwärmerisch verliebten und lebensuntüchtigen Grafen Paul zu einer Einsicht, die nur auf den ersten Blick absurd ist: »[F]ür manchen Menschen is es a wahres Glück, wenn er a Graf is.« (I 4; SW 26/II, 10)

Die anderen Zentralfiguren dieser Phase haben eindeutig faßbare Berufe: Schnoferl in »Das Mädl aus der Vorstadt« ist ein Winkeladvokat, Weinberl in »Einen Jux will er sich machen« ist ein Kommis, der aus dem Gewölbe wie aus der Höhle Platons seine Weltdeutung vornimmt. Peter Span in »Der Unbedeutende« ist ein Zimmermann, und die Handlung baut sich bis in die Details aus Motiven auf, die sich aus den einzelnen Berufen und ihren Attributen ergeben.

Lips geht keinem Beruf nach, er ist frei, aber frei wozu? Der Topos vom öden Leben der Reichen wird nicht endlos ausgewalzt, sondern erhält durch die seltsamen Visionen und die Selbstanalyse, die Lips durchführt, eine analytische Dimension, die von diesem Klischee befreit. »So ganz allerdings vermag er seine Zerrissenheit gar nicht zu erklären; es mangelt ihm an Selbsterkenntnis,« meint ein Interpret (Cersowsky 1992, 105) – als ob es üblich wäre, daß jeder über seine Verstörung und seine Besonderheit erklärende Auskunft geben wollte und könnte. Lips scheint eher mit sich selbst viel zu intim geworden zu sein, und dies führt auch dazu, daß er die Launen des Glückes herausfordert.

Selbst wenn die Schnoferl, Weinberl, Feuerfuchs und Span auf eine feste Berufsidentität verweisen, sind sie doch alles andere als in sich konsistente Charaktere, deren Handeln nach moralischen oder psychologischen Kriterien zu beurteilen wäre. Für die Interpretation sind solche widersprüchlichen Wesen so gut wie unbrauchbar. Sie scheinen weder dem zu gehorchen, was ihnen ihr Charakter vorschreiben müßte, und bewegen sich überdies mit ihren Handlungen auf der moralischen Werteskala blitzschnell auf und ab. Titus Feuerfuchs lügt, wenn es um seine Karriere geht, und man weiß eigentlich nicht, warum sich Salome Pockerl dieses doch fragwürdigen Gesellen nach all den Enttäuschungen immer noch annimmt. Schnoferl, den alles andere als Mut auszeichnet und der zu den schüchternen Resignierern gehört, entwickelt detektivische Energien und wendet so durch seinen Scharfsinn alles noch zum Guten. Die Figuren einer

Komödie – und dies bringt für die ernsthaften Analyseversuche immer Schwierigkeiten mit sich – wollen nie nach den Gesetzen handeln, die der Logik der Interpreten entsprechen. Sie gehorchen vielmehr der jeweiligen Situation und passen ihre Weltsicht auch von Mal zu Mal dieser an.

Anders könnte eine Komödie nicht funktionieren, und selbst dort, wo die Dinge ihren Lauf in den Bahnen des dominanten Charakters nehmen – sei es der eines Geizigen oder eines Menschenfeinds oder eines eingebildeten Kranken –, finden sich Momente, die nicht in das vorgegebene Bild passen. Die Frage, ob diese in sich so brüchigen Charaktere der Komödie nicht eher den Tatsachen gerecht werden als Figuren, die nach charakterologischen Handbüchern entworfen werden, besteht zu Recht. Zu bedenken ist weiters, daß die Charaktere ihre Konturen ebenfalls allmählich verlieren. »Die Zeit der Charaktere ist abgelaufen, Charakterologie ist eine Sparte der historischen Ästhetik geworden,« meint Gert Mattenklott in seinem Essay »Sondierungen. Das Verblassen der Charaktere«. (Mattenklott 1986, 9) Auf die Listen, die Theophrast und La Bruyère mit ihren Charakterskizzen vorgaben, lassen sich ein »Zerrissener« und schon gar ein »Unbedeutender« nicht leicht setzen, und Hofmannsthals »Schwieriger« ist mehr als nur die euphemistische Variante des menschenfeindlichen Rappelkopf, sondern demonstriert anschaulich, wie offen das Territorium der Charakterkunde geworden ist und wie es behutsam in jene Bereiche ausgeweitet werden muß, die durch Adjektiva abgesteckt werden, die für Charakterbezeichnungen gar nicht vorgesehen sind. Wie so oft ist Nestroy auch in seiner Charakterorologie janusköpfig: Er blickt zurück in ihre Tradition, bedient sich – nicht nur im »Haus der Temperamente« – der Temperamentenlehre, vertraut der Wirksamkeit der Auftritte seiner Melancholiker und Choleriker, Sanguiniker und Phlegmatiker mit bewußt gezielter Überzeichnung ihrer Eigenschaften. Selbst wenn die Figuren durch ihr Verhalten immer wieder die Erinnerung an solche Muster heraufbeschwören, lassen sie sich doch nicht mehr auf diese reduzieren. Ein Titus Feuerfuchs ist zwar ein Karrierist, ja geradezu der Prototyp eines solchen, er wirbt aber auf der anderen Seite durch sein Dasein als Außenseiter für sich.

Besonders die Unsicherheit in der Bestimmung dieser Charaktere hat die Forschung hellhörig gemacht, und jeder Hinweis, der hier weiterführen könnte, wird dankbar aufgenommen. Der Justiziarius, der des totgeglaubten Lips plötzlich ansichtig wird, ruft erstaunt aus: »Lipsius redivivus«, was Peter Cersowsky veranlaßt, sofort nach Querverbindungen zu Justus Lipsius und dessen Werk »De constantia« herzustellen; dafür gibt es ebenso viele Argumente wie dagegen. Lipsius handelt von der Beständigkeit, und um diese geht es wohl allenthalben, wo gehandelt wird, so auch auf der Bühne des Volkstheaters. Die Schrift von Lipsius wird allerdings zu einer »vorweggenommenen Charakterisierung« des Herrn von Lips, da sich bei diesem vor allem die »Fehlformen des stoizistisch idealen Verhaltens« feststellen lassen: Und in der Tat, die Zerrissenen bei Lipsius erinnern in manchem an den Kapitalisten bei Nestroy: Sie litten an »Zagnuß und Mattigkeit«, Reisen würde ihnen nichts helfen, sie könnten keine echte Freude empfinden, sondern seien von Schrecken und der Furcht vor irgendwelchen Strafen beherrscht. (Cersowsky 1992, 111) Das klingt plausibel, Lips würde also genau das einlösen, was Lipsius als negativ bezeichnet. Obwohl zwischen Lips und dem Lipsius redivivus eigentlich nur eine Identität ex contrario besteht, sind die Bezugspunkte doch eindeutig gegeben.

Um die Rätselhaftigkeit nicht nur des Namens, sondern auch des Charakters zu fassen, wird, was immer an Gelehrsamkeit zur Verfügung steht, mobilisiert: Nestroy hätte sich also sowohl für die Namengebung als auch für die Charakterzeichnung ganz raffiniert an einem Werk aus dem 16. Jahrhundert orientiert und dies alles in einer geschickten Camouflage verpackt und als Flaschenpost an seine späteren Deuter geschickt, die rund 150 Jahre später darin des Rätsels Lösung finden. Doch hat, so meine ich, die These etwas für sich, aber weniger darin, daß Nestroy sich konkret auf eine bestimmte Schrift eines Popularphilosophen bezieht, sondern vielmehr darin, daß er mit eben dieser Popularphilosophie sich auf ein Gespräch einläßt, das, was bis dahin an sinnschweren Emblemen vorhanden war, zitiert, karnevalistisch variiert und somit auch mit neuen Qualitäten ausstattet. Der Blick zurück lohnt ebenso wie der nach vor. Auch die Kennzeichnung der Nestroy'schen Figuren und im besonderen die des Lips als Sonderlinge reicht nicht aus, um sie zu fassen. Entscheidend ist aber die Kombination der Symptome, mit denen diese Figuren ihr Bühnenleben gewinnen. Mit Lips wird nicht nur das bizarre Verhalten eines reichen

Einzelgängers erfaßt, sondern auch die Krise prognostiziert, auf welche sich die Kaste der Zerrissenen zubewegte. »Sein Spleen war unerträglich« – diese Frechheit leistet sich Lips' Freund Sporner nach der Testamentseröffnung (II 12; SW 21, 73) und gibt damit ein Stichwort, das rund ein Jahrzehnt später bei Baudelaire in den »Fleurs du mal« und im »Spleen de Paris« seine zentrale Funktion erhalten sollte. »Spleen« – in der Bedeutung Grille, Laune im Deutschen schon seit dem 18. Jahrhundert heimisch – wird bei Nestroy und bei Baudelaire zu einer Grundhaltung. Bei beiden erscheinen dieselben Merkmale des Spleens oder der Zerrissenheit. Die Langeweile, der Trübsinn, die Gleichgültigkeit, die jähe Sehnsucht nach dem Neuen, gekoppelt mit einer ebenso unvermittelt auftretenden Handlungshemmung, das Gefühl, schon unendlich alt zu sein. In den Worten Baudelaires: »J'ai plus de souvenirs que si j'avais mille ans.« (Baudelaire 1980, 148) Doch lebt immer wieder die Hoffnung auf, noch etwas Unbekanntes zu entdecken.

Vorausweisend, doch ohne moralisierendes Pathos kritisiert Nestroy die Anbeter der Göttin Langeweile, wenn sie sich ihrer gesellschaftlichen Bedingtheit mit raffinierter Rhetorik entziehen. So ist Lips auch ein Vorfahre des Claudio aus Hugo von Hofmannsthals »Der Tor und der Tod«. Dieser beklagt sein nicht gelebtes, sein verfehltes Leben und verklärt es zugleich in prunkender Rede. Es mag die lockere Form der Posse sein, die über das Gewicht der Satire Nestroys hinwegtäuscht. So dringen die Pfeile des Komikers leicht ein. Sie haben aber Widerhaken und stecken tief.

14. Familienfassaden

Die Possen Nestroys geben Auskunft nicht nur über viele Helden und ihre widersprüchliche seelische Konstitution, sie diagnostizieren auch die seelischen und sozialen Befindlichkeiten der Figuren – und damit dieser Epoche. Der kulturhistorische Quellenwert dieser Possen müßte erschlossen werden, weit über die Versuche hinaus, den Alltag des Vormärz und der Zeit unmittelbar nach 1848 wiedererkennen zu wollen. Ein Exkurs zur Familie bei Nestroy scheint angesichts der vielen Hagestolze angebracht, die seine Stücke bevölkern und deren Probleme darin einer zumindest teilweisen Lösung zugeführt werden.

Der Zerrissene soll am Ende wieder zum ganzen Menschen werden, und zwar durch die Ehe, also just durch eine Einrichtung, die er vorhin durch seine dreiste Bereitschaft zum Gegenstand eines Glücksspiels hatte machen wollen. Was zuvor verachtete Bagatelle war, das soll nun patentes Heilmittel sein. Die Formel vom »ganzen Menschen« ist offenkundig eines jener Schlagworte, denen zu entsprechen eine der triftigsten Lebensmaximen gewesen sein dürfte. In seinem in erster Auflage 1855 erschienenen Buch »Die Familie« führt der Vorkämpfer der deutschen Kulturgeschichte, Wilhelm Heinrich Riehl, ein Sprichwort an: »Je länger Junggesell, je tiefer in der Höll«, und fährt fort: »Wenn es aber schon nicht gut ist, daß der Mann allein sey, dann taugt so etwas noch viel weniger für die Frau. Erst in der Familie finden wir den ganzen Menschen.« (Riehl 1861, 108) Das legt nahe, daß die meisten männlichen Protagonisten Nestroys keine »ganzen Menschen« sind. Es lohnt sich, diese Worte Riehls, noch zu Lebzeiten Nestroys niedergeschrieben, mit dem Textbefund zu konfrontieren, der sich aus Nestroys Stücken ergibt. Die Zentralfiguren sind meist solitär: Sie sind Witwer oder Werber, sie sind Junggesellen malgré eux, wie etwa Schnoferl in »Das Mädl aus der Vorstadt«. Der Held von »Unverhofft« heißt sogar Herr von Ledig. Das Ende des Junggesellendaseins koinzidiert allerdings meist mit dem Ende der Handlung, und die verschiedentlich gezähmten Helden reichen der Geliebten die Hand zum ewigen Bund, die sie sich dafür ausersehen haben oder für die sie die Handlungslogik des Stückes bestimmte. So bekommt Gigl nicht die Frau von Erbsenstein, dafür aber sein Mädl aus der Vorstadt, in das er sich Knall und Fall verliebt hatte, so daß Schnoferl statt Gigl den frei werdenden Platz an der Seite der von ihm heimlich bewunderten Frau einnehmen kann.

Die Familiengründungen scheinen aber nicht das Werk weiser Planung zu sein, welche sich mit der Liebe auf einen Kompromiß eingelassen hätte, sondern vielmehr Produkt des Zufalls, dessen Apotheose etwa am Schluß von »Die Papiere des Teufels« zu stehen kommt; ihm würde man, meint – nicht ohne Ironie – die Zentralfigur, alles danken: »[D]en seelenguten Kerl dem der menschliche Eigendünkl fast immer das Verdienst abstreit't – lassen wir'n leben!« (III 14; SW 18/II, 99)

In einigen Fällen sind diese Zentralfiguren auch Familienväter; auf diese Ausnahmen ist später einzugehen, um jene Diagnose Nestroys über den Status der Familie beschreiben zu können. Durch diesen Befund lassen sich Nestroys Stücke eindeutig vom Genre des Familienstückes separieren. Das »ganze Haus« – auch dies ein zentraler Begriff in Riehls Buch – steht in Nestroys Stücken nicht am Anfang, sondern allenfalls am Ende, als eine, wie es sich in der Fortsetzung des »Lumpacivagabundus« zeigt, utopische Vision, als utopische Vision einer hausindustriellen Familienwirtschaft, noch dazu mehrfach besetzt: eine glückliche Kommune, erzeugt durch die Ineinanderlegung verschiedener Gewerbesparten. Das Schlußtableau zeigt das aufs allerschönste. Die »ganzen Menschen« stehen in dieser Komödienwelt nur am Rande, sie sind nur am glücklichen Ende zulässig, und mit Recht fragt sich der Zuschauer oder Leser, wieso nun, nachdem wir alles in einem so defekten, ja irreparabel scheinenden Zustand kennengelernt haben, diese beschädigten Figuren nun ein perfektes Ganzes darstellen sollen. Nestroys familiäres Unglück und sein gestörter Bezug zur Ehe mögen Anlaß für jene Sonderstellung seiner Hauptfiguren sein, die weit über das hinausgeht, was die bloße Komödienstruktur erfordern würde, nämlich einen ledigen Mann, der sich in die Häuslichkeit rettet. Dieser Befund, der freilich noch genauer zu überprüfen wäre, sei als Arbeitsgrundlage gestattet. Der »Hausvater« eignet sich für Nestroy nicht als Rolle, die er im Leben wie auf der Bühne zu spielen hat. Aus dieser Sicht erhält auch der in der Sammlung Treu notierte Gedankenblitz andere Akzente: »Er hat einen Sohn, wie das so vielen Vätern passiert.« (GW 6, 567) In eben dieser Sammlung findet sich ein Aphorismus, der in dieselbe Richtung weist: »Auf dem Lande sind wir die Figuren eines großen Familiengemäldes, in der Stadt kehrt jede in den ihr von den Verhältnissen geschnitzten goldenen oder schwarzen Rahmen zurück und wird selbständiges Bild, höher oder niederer gehängt, in besserem oder schlechterem Lichte.« (GW 6, 572)

Damit siedelt Nestroy die intakte Familie auf dem Lande an; er lokalisiert sie dort, indem er sie ins Familienbild bringt. Die Stadt hingegen ist der Ort der Individuation, des Einzelporträts. Man denke zum Vergleich an Ferdinand Georg Waldmüllers Bild der Familie Eltz in Ischl (1835), wo sich die Familie in harmonischer Geschlossenheit in der Landschaft des Salzkammergutes präsentiert.

Die Vision des »ganzen Hauses« ist im Werk Nestroys präsent, allerdings nicht mehr als das Postulat, das Riehl später durch seine Schriften zu verbreiten suchte, auch wenn er erkennen mußte, daß dieses Ideal bereits »faktisch als aufgehoben« zu gelten habe, da die Trennung von Beruf und Privatsphäre zu diesen Dissoziationen führen mußte. Riehl: »Schon die Ausdehnung der ganzen Familie selber wird von der nivellierenden modernen Gesinnung immer enger gefaßt. In den bürgerlichen Kreisen hält man es für höchst kleinstädtisch und altmodisch, entferntere Verwandtschaftsgrade noch zur Familie zu ziehen. Die Aristokraten und die Bauern dagegen, die auch hier als ›Mächte des socialen Beharrens‹ erscheinen, erkennen die Familie noch in weiteren Gränzen an.« (Riehl 1861, 177) Auch bei Nestroy begegnen einem meist Reduktionsformen der Familie. Die große Familie, den geregelten Haushalt, die eine strenge Ordnung verbürgende

Hierarchie, das eng geknüpfte Netz von Beziehungen einer Familie durch Verwandte in der Hauswerkstatt oder auf dem Bauernhof – das kennt Nestroy kaum. Diese Feststellung trifft sich mit dem von der Soziologie festgestellten Hiatus zwischen bürgerlichem Familienideal und bürgerlicher Familienrealität. (Rosenbaum 1982, 307) Doch in der Literatur des Biedermeier ist dieses Familienideal durchgehend präsent. Die Apotheose der Familie in dieser Epoche erklärt Friedrich Sengle damit, daß in der Familie der erotische Dämonismus gebannt werden konnte, der die Existenz der romantischen Dichter so bedroht habe und dessen man durch die in vernünftige Bahnen gelenkte Erotik Herr zu werden hoffte. Sengle: »Dieser mehr oder weniger offenbare erotische Dämonismus erklärt den Kult, der in der Biedermeierzeit mit der Familie getrieben wird; denn hier ist der Bereich, wo die Liebe in unzweifelhaft menschlicher Form erscheint, hier ist das Asyl, die Idylle, in dem der erotische Fluch seine Kraft verliert. […] Trotzdem darf das, was die Familie in dieser Zeit tatsächlich bedeutet und tatsächlich leistet, nicht als ›Kompensation‹ abgetan werden, auch nicht nur als Therapie: es ist eine geistige und soziale Raumbildung, […].« (Sengle 1970, 57)

Was der Literatur als Ideal familiärer Beziehung abgelesen werden kann, hat sein Gegenstück in der Realität längst nicht mehr: Die Bedeutung der Familienkultur darf nicht unterschätzt werden, die Rückbesinnung auf die Familie als Wert an sich, ihre Abkapselung und die Radikalisierung der Familienintimität – das sind relevante Indizien für die Kultur der Biedermeierzeit. Zu Recht verweist Sengle darauf, daß der Familienkult allemal das Zeichen einer restaurativen Epoche ist, doch setzt er bei der Betrachtung der Familie und des Kultes, der dem patriarchalischen Moment zuteil wird, zu keinem Vergleich mit der Realität an, obwohl Nestroy dafür in seinen Stücken feste Haltegriffe geboten hätte. Das Leitwort für die Familienidylle ist Ordnung, das uns in allen Jugenderinnerungen der Biedermeierzeit begegnet. Dazu gehört auch die Harmonie, die durch die wechselseitige Zuneigung der verschiedenen Altersgruppen hergestellt wird. Die Verehrung des Alten und der Alten, die die Geschichte und die Geschichten aufbewahren, gehört zu der auf Kontinuität ausgerichteten Grundeinstellung des Biedermeier. Sieht sich der Bürger daran gehindert, öffentlich wirksam zu werden, so ist der Rückzug auf den »häuslichen Herd« die angemessene kompensatorische Antwort. Die »Igelstellung« der Familie – wie sie etwa die Kleinfamilie Pfrim in »Höllenangst« verkörpert – hat hierin ihre Ursache.

Die Differenz von Familienideal und Familienrealität wird von der Biedermeierforschung kaum notiert. Dies besorgt die Literatur. Nestroy gehört gewiß nicht zu jenen, deren Werk ohne Modifikation Rückschlüsse auf die Funktion und Struktur der Familie zuließe. Dazu sind seine Familien zu sehr Komödienfamilien. Wie aber die in jeder Familie so wichtige Frage der Erbschaft bereits zu einem bequemen Vehikel wurde, um die Handlung zu einem guten Ende zu führen, geht aus den bekannten Worten Weinberls am Ende des »Jux« hervor: »Nein, was 's Jahr Onkeln und Tanten sterben müssen!, bloß damit alles gut ausgeht.« (III 23; SW 18/I, 95) Solche Worte wiegen leicht, und das ist Zeugnis dafür, daß wir es nicht mit einer realen Familie zu tun haben, sondern mit einer Kunstfamilie. Nestroys Texte geben als Komödientexte nur bedingt Auskunft über das, was sich als gesellschaftliche Gegebenheiten erschließen ließe.

Aus dem Fundus der Komödienliteratur akzeptiert Nestroy dankbar das reiche Inventar von besorgten Hausvätern, denen liederliche Söhne das Leben schwer machen, von Töchtern, die schmachten, um den Vätern zu Gefallen zu sein, von Entsprechungen zwischen Kindern und Eltern bis zur völligen Identität (vorausgesetzt und übertrieben im »Haus der Temperamente«) oder bis zur totalen Diskrepanz (»Die Familien Zwirn, Knieriem und Leim«). Die Komödie Nestroys gehorcht allerdings nicht der Vererbungslehre. Von einer realistischen Diagnose von Beziehungen innerhalb einer Familie kann nicht die Rede sein.

Gerade die historische Ableitung des Individuums und seiner Eigenschaften aus der Familiengeschichte wird in Nestroys Werk sarkastisch unterlaufen. Die Individuen lassen sich nicht durch ihre Familiengeschichte erklären, sie sind ephemer. Es fehlt aber auch ein anderes Moment: die Familie als Ort und Pflege der Religion, der Hausvater, der über die Einhaltung der religiösen Gebräuche und damit auch über die Tugend und Untugend seiner Nachkommenschaft wacht. Eine kennzeichnende, weil deutlich karikierende Ausnahme: »Höllenangst«. Ebenso wie die Verlängerung der eigenen Existenz in die Vergangenheit, in die Präexistenz, wenn man so will, fehlt auch eine Perspektive für die Zukunft: Es gibt die Sprößlinge nicht, deren Geburt eine neue Zeit verheißen könnte.

Auch wenn dies nur negative Bestimmungen sind, so sind sie doch sehr aussagekräftig. Der Verzicht auf das religiöse Ferment zur Bindung der Familie und ihrer quasi übersäkularen Sanktionierung versteht sich auf der Bühne des Volkstheaters von selbst. Es ist bezeichnend, daß die Existenz der Familie zwar in den meisten Texten mitreflektiert wird und in ihrer Gesamtheit als eine geschlossene Einheit Gegenstand der Darstellung oder der Diagnose wird. Doch nun die Ausnahmen.

Ein Stück trägt das Wort Familie schon im Titel: »Die Familien Zwirn, Knieriem und Leim«. Doch sind – wie aus der überirdischen Rahmenhandlung hervorgeht – diese Familien in ihrer Existenz außerordentlich gefährdet. Sie widerrufen Punkt für Punkt das familieneudaimonistische Programm des Biedermeier. Allen voran Zwirn, dessen Frau man nur in einer Momentaufnahme, im Schlußtableau des »Lumpacivagabundus«, kennenzulernen die Ehre hatte. Sie mußte beiseite geschafft werden. Zwirn: »Ich hab vor zwanzig Jahr ein Weib g'habt, die hat sich zu Tod geärgert über meine kleinen Privattreulosigkeiten; dann hab ich eine kleine Tochter g'habt, die hab' ich zu meinem Freund Leim g'schickt, daß er sich ihrer annehmen soll; nachdem ich auf diese Weise alle meinen Pflichten als Gatte und Vater erfüllt habe, bin ich davongegangen und vagier jetzt schon sieben Jahr als Flickschneider herum.« (I 17; SW 8/I, 26) Selbstverständlich werden auch im Munde Knieriems Familientugenden zur Farce: »Wie man Familie hat, kommt man auf kein grün Zweig, man opfert sich rein auf.« (I 21; SW 8/I, 30) Knieriem meidet die von der Familie garantierte Privatsphäre; er bevorzugt die Öffentlichkeit und die Gaststätten, wo er seinen Sermon ungehindert ablassen zu können meint und auch Zuhörer findet. Zu Hause ginge so etwas nicht an. Aber auch Leims Ehe, die doch so gut geleimt schien, ist das beileibe nicht: Knieriem kommt, um sie zu stören. Seine Präsenz ist es, die die Solidität des Leimschen Hauses gefährdet. Die Trennung der Lebensbereiche von Mann und Frau ist vollzogen, und da Leim untertags nicht zu Hause ist, kann der Amateurastronom Knieriem in diesem entstandenen Freiraum seinen verführerischen Unfug treiben. Aber auch Leim hat sich verwandelt. Als Privatier will er auf einer höheren Ebene sein Leben weiterführen. Er verzichtet auf sein redliches Handwerk und strebt nach Höherem, er will Bürgermeister werden. Die Aufgabe der Berufsidentität führt aber zur Desintegration der Familie. Leim und sein Schwiegervater Hobelmann wollen nichts mehr von der Gesellschaftsschicht wissen, der sie entstammen, und sie wollen auch die Eheschließungen ihrer Kinder mit den Kindern Zwirns beziehungsweise Knieriems verhindern. Dafür fallen sie auf die Eheangebote eines hochstapelnden Familienvaters herein. Für sie ist die Familie kein Organismus, der durch Wahlverwandtschaft wächst, sondern Ergebnis strenger Planung. Hobelmann und Leim sind Familienkonstrukteure, die einer abstrakten Fiktion aufsitzen.

Wie schlecht es mit der ehelichen Treue bestellt ist, geht aus dem Geständnis der Madame Leim hervor, die ihrem Mann beichtet, daß ihr einmal ein »stiller, freundlicher, sittsamer Studiosus« in den mittleren Jahren ihrer Ehe den Kopf verdreht habe. Der in seiner Ehre gekränkte Leim repräsentiert das beleidigte Patriarchat; der Hauch von Untreue streifte Madame Leim, da ihr Mann nobler und »fremder und fremder« wurde. Doch das eigene Verhalten scheint ihm unbedenklich; er will vom Recht der Ehescheidung Gebrauch machen. Madame Leim hat sich zu diesem Geständnis nur durch den von Knieriem prophezeiten Weltuntergang bewegen lassen: »Morgen will er sich scheiden lassen? Gott sei Dank, nur heut nicht, nur heut nicht! Ich will durchaus nicht als geschiedne Ehefrau sterben.« (II 20; SW 8/I, 82 f.)

An der Restaurierung der Familienfassade wird fortwährend gearbeitet. So Knieriem, so Zwirn, die unverläßlichsten Familienväter. Zwirn preist unverfroren seine Tochter an: »G'freut mich, Mussi Friedrich, Sie bekommen eine Tochter *(auf sich zeigend)* aus einem soliden Haus.« (II 28; SW 8/I, 91) Mit geringer Anstrengung bringt das Ende die Familien wieder zusammen; die Zwirnsche Tochter heiratet Leims Sohn, der Knieriemsche Sohn heiratet die Leimsche Tochter, und alles ist in bester Ordnung. Die Kinder der vom sozialen Abstieg Bedrohten landen in den Händen des Aufsteigers, der erkennen muß, wie gefährlich der Ausflug in die Höhe war und der wieder in seinen »vorigen bürgerlichen Kreis zurück« will. (II 27; SW 8/I, 91) Das geht freilich nicht ohne Biegen und Brechen ab. Die Figuren wandeln sich blitzschnell, um das obligate Schlußtableau herzustellen.

Bewähren muß sich in diesem Stück die junge Generation, in diesem Fall Therese, die bereit ist, sich für Hobelmann, ihren Schwiegergroßvater in spe, einzusetzen. Dieser Großvater ist nur mehr eine sich selbst bemitleidende Autorität, die ihr Alter als Waffe gegen die Jugend einsetzt. Der alte Mann ist sich seiner Macht als Patriarch nur zu sehr bewußt. Nichts trifft diese Familie so wie eine Mesalliance. (I 33; SW 8/I, 41) Die Partnerwahl ist das entscheidende Vorrecht des Patriarchen; die dazu gegenläufige Tendenz der jungen Liebenden erzeugt die Konfliktsituation. Diese Konstellation allerdings sozialhistorisch exakt bei Nestroy ausfindig zu machen und fixieren zu wollen, wäre blanker Unsinn. Die Rekrutierung des Partners ist in der besitzenden Klasse ein bis heute geübter Brauch. Nestroy hat hier nicht die sozialen Verhältnisse seiner Zeit abgebildet, sondern Konstanten des Verhaltens in Gesellschaften gestaltet, deren Basis der selbständige Erwerb und die organisierte Familie ist.

Sind die Patriarchen deshalb entmachtet? Das Stück, in dem Wiener Verhältnisse am eindeutigsten aufs Korn genommen werden, war einer der größten Mißerfolge in Nestroys Laufbahn: »Eine Wohnung ist zu vermieten« (1837), ein Stück, das nach zwei Wiederholungen abgesetzt wurde, ein Stück allerdings auch, das durch Karl Kraus zum Leben erweckt, 1924 eine Reihe erfolgreicher Aufführungen erleben konnte. Einer der Gründe für den Mißerfolg lag gewiß darin, daß mit diesem Stück die Identität der Wiener getroffen wurde, ja mehr noch: daß sich die Wiener in der Gestalt des Gundlhuber gerade in ihrer familiären Identität getroffen und in ihrer Miserabilität auch durchschaut fühlen mußten. Mit Recht sieht Mautner gerade in der exakten Präsentation des Biedersinnes des Wiener Milieus die Ursache für die Verstörung des Publikums. Statt der gefälligen Präsentation des »Biedersinnes und der Gemütlichkeit« (Mautner 1974, 208) gibt es eine herbe Enttäuschung: In der Gestalt des Gundlhuber wird der Alltag der Wiener getroffen. Gundlhuber – das ist eine Kombination aus Zwirn, Leim und Knieriem, vielleicht etwas gemildert und deshalb auch trotz der gutbürgerlichen Tarnung um einiges schrecklicher. Nestroy hat durch Umarbeitung der Vorlage daraus erst ein Familienstück gemacht. In der Vorlage, in Louis de Angelys »Wohnungen zu vermieten«, hat das wohnungssuchende Ehepaar nur eine Tochter! Nestroy läßt also Gundlhuber überhaupt erst zum Patriarchen werden. Mit Knieriem verbindet ihn das Vazieren durch die Stadt, mit Zwirn das Flattern von Rosen zu Rosen, also das die Häuslichkeit verlassende erotische Interesse, und mit Leim die Obsession für die Stabilität des Besitzes. Sein Standquartier ist – wie für Knieriem – die Öffentlichkeit. Sein Auftrittslied handelt davon, wie interessant ein Gang über den Graben ist – nur um eine Menge von Belanglosigkeiten als Gegenstand seines Interesses zu deklarieren. Er verfügt über das Stereotyp, mit dem er jedes Mal den gestörten häuslichen Frieden hergestellt zu sehen meint: Seine Frau wird als der »Inbegriff meiner häuslichen Freuden« (I 7; SW 12, 14, und öfter) apostrophiert. Er interessiert sich für das, was als Nichtigkeit öffentliche Aufmerksamkeit erweckt, während ihn die Probleme zu Hause kaum berühren. Seine Tochter Amalie soll heiraten, und der Papa geht strawanzen. Dem Ärger seiner Frau setzt er schwadronierend Humbug entgegen. Der Dialog mit seiner Frau Kunigunde demoliert das Patriarchat, das auf einer solchen Grundlage ruht:

»KUNDIGUNDE: Aber Mann, das ist ja schrecklich mit dir! Wird der Heiratskontrakt seiner Tochter unterschrieben, und er schlendert indessen auf der Gasse herum.

GUNDLUBER: Ich hab ein Spargel kauft. Stell dir vor, ist der Buschen um acht Kreuzer theurer, als die vorige Wochen, und holzig bis über die Mitt.

KUNIGUNDE: Dazu war jetzt keine Zeit. Tagtäglich muß man sich ärgern mit dir.

GUNDLHUBER: Ich hab mich auch geärgert über dich, gleich im Vorzimmer draußt. Warum hat der Franzi die neue Hosen an? Hab ich nicht gesagt: der Franzi soll die neue Hosen erst aufn Sonntag anziehn?

KUNIGUNDE: Wir haben Gäste, drum hab ich die Kinder aufgeputzt.

GUNDLHUBER: Alles eins, eine neue Hose gehört einmal für den Sonntag, das ist ein durch Jahrhunderte sanktionierter Gebrauch. Und draußt steht wieder ein Tiegel Senf aus dem Gwürzgwölb, und ich hab gesagt, er soll aus der Kärntnerstraße g'holt werden.

KUNIGUNDE: Sei still, du abgeschmackter Kleinigkeitskrämer.« (I 8; SW 12, 14 f.)

Wie alle Spießer vor und nach ihm beseelt ihn das Gefühl, zu etwas Höherem und Größerem geboren zu sein. Sie haben diesem Drang zu gehorchen – und daher muß man aus der Wohnung, die nach Gundlhubers Meinung zu klein ist, obwohl drei Zimmer leer stehen, ausziehen. Gundlhuber arbeitet besonders an der Pflege der Familienfassade. Sie ist auch eine Sprachfassade. Das Klischee, mit dem er seine Frau zu bezaubern oder zu beruhigen meint, ist stets verfügbar und wird durchgehend auf alle Situationen angewendet. Was Gundlhuber als Familienglück anpreist, zeichnet sich nicht durch Besonderheit aus, sondern benennt eine Glücksstereotypie, als deren Verursacher und Anwalt er sich fühlt. Gundlhuber zu seiner Tochter, die heiraten soll: »Gute Lehren habe ich dir keine mehr zu geben, denn deine Erziehung ist vollendet, sowohl in physischer Hinsicht, als auch in moralischer Rücksicht, du bist aufgewachsen unter den Flügeln der Mutter, unter der Obhut des Vaters und zu jeglichem Guten angeeifert durch das täglich vor Augen habende Beispiel der Eltern. Ich habe dahero nichts beizufügen, als daß du deine dermaleinstige Familie ebenso erziehen mögest, […].« (I 9; SW 12, 16 f.)

In dieser Welt ist alles geregelt. Der Mann durchdringt mit seinen peniblen Vorschriften die kleinste Kleinigkeit des Haushalts. Der Weise trägt alles mit sich. Wo er ist, muß auch seine Familie sein. Er macht sich mit der ganzen Familie auf, um eine Wohnung zu suchen, und entgegnet auf die Vorhaltungen seiner Frau: »[I]ch bin Familienvater, wo ich bin, können die Kinder auch sein.« (I 11; SW 12, 19) Der Familienvater ist die Familie. Diese wird nur unangenehm, als sich Gundlhuber an Madame Chaly heranmachen möchte. Das spielt sich in der ersten Wohnung ab, die besichtigt wird: »Kinder, schaut s a bissel beim Fenster hinaus.« (I 21; SW 12, 28) Gundlhuber verliebt sich Hals über Kopf in die Kokotte, in die »Reizbegabte« (I 21, SW 12, 28), wie er sie nennt. Die Familie bietet also keinen geeigneten Schutz gegen den Dämon Eros. Der kleine Flirt mit Madame Chaly wird ausgeweitet, und Gundlhuber huldigt ihr mit einem albernen Lied. Er kann offenkundig seine Vorstellungen von sich als Familienvater mühelos mit der Rolle eines Troubadours vereinen.

Er stopft die ganze Familie, also sich und seine Frau, fünf Kinder und eine Dienstbotin, in eine Kutsche. Die Familie, die sich vorher so lästig in der Wohnung der Madame Chaly breit gemacht hatte, wird nun auf engstem Raum untergebracht. Unter der Hand des Patriarchen wird die Familie zu einem elastischen Gegenstand, der je nach Bedarf ausgedehnt und zusammengedrückt werden kann: Die Wohnung der Madame Chaly wird von den lieben Kleinen zur Gänze okkupiert, und dann haben doch alle in der Kutsche Platz. Nach der Fahrt will Gundlhuber nicht zahlen, und er begründet das spitzfindig damit, daß man die Kinder abwechselnd auf dem Schoß sitzen ließ. (III 7; SW 12, 62)

Der Familenvater regiert durch die Widersprüchlichkeit seines Verhaltens, und alle Kinder reproduzieren diese Erziehung und Haltung in ihren Widersprüchlichkeiten. Die Kindererziehung ist permissiv und streng zugleich. Die Kinder durchschauen diesen Mechanismus, besonders in der Verführungsszene mit Madame Chaly (I 21; SW 12, 28 f.) oder im Garten der Madame Stoll. (III 16; SW 12, 70–72) Diese Familie, eine der wenigen ganzen Familien Nestroys, ist eine Karikatur der Familie, ist eine Karikatur des häuslichen Lebens, so wie Riehl es sehen wollte. Jeder dort gestellte Anspruch wird von Gundlhuber und seiner Familie Punkt für Punkt konterkariert. Der Patriarch hat die Trennung von Hauswesen und Beruf widerrufen; er mischt sich in alle Hausangelegenheiten und versucht, Perfektion zu simulieren. Die ausgetüftelte Organisationsform seines Haushaltes dient ihm allerdings nur dazu, Lücken einzuplanen, durch die er entfliehen und zugleich auch wieder zurückkehren kann. Das Doppelleben der Helden Schnitzlers und der Analyseobjekte Freuds, die neurotische Disposition der Kinder und der Frau – all das nehmen diese Szenen aus dem Wien des Vormärz vorweg.

15. Die lieben Anverwandten

Mit Gundlhubers Verhalten liefert Nestroy eine glänzende Diagnose der Zwiespältigkeit des Familienlebens, eine Diagnose, die im Gegensatz zum Idealtyp steht, wie ihn die Literatur des Biedermeier forderte, eine so böse Diagnose, daß Nestroy nach dem Mißerfolg des Stückes offenkundig nicht mehr wagte, eine ähnliche Zerrform der Familie auf die Bühne zu bringen. Nestroy hat in diesem Stück etwas attackiert, was nicht nur die regionale Szenerie und das Wiener Publikum betreffen mußte, sondern er hatte an einer Übereinkunft gerüttelt, die in der Familie und im Rückzug auf diese das Optimum der Selbstverwirklichung des Menschen in der Gemeinschaft erblickte. Bezeichnend, daß jene Stücke, in denen die Familienverhältnisse die Handlung stärker bestimmen, ebenso deutliche Ablehnung erfuhren – etwa »Die beiden Herren Söhne« (1845) oder »Die lieben Anverwandten« (1848). Bei letzterem hatten auch die unglückliche Komposition und die ebenso unglücklich plazierte politische Pointe Schuld an der Ablehnung. Aber auch hier ist die Familie brüchig, die Restitution der intakten Einheit ist so gut wie unmöglich. »Die beiden Herren Söhne« folgt einem Roman Paul de Kocks. Vincenz, ein ebenso durchtriebener wie fauler junger Mann aus gutem Hause, ist der Familienverweigerer par excellence. Seine Mutter Kunigunde will das Muttersöhnchen, welches auf die Renditen aus dem Familienvermögen reflektiert, dem »Heiratszwang« aussetzen. Vincenz, ein Vorläufer aller familienfeindlichen Décadents, anwortet auf die Vorhaltungen seiner Mutter (»Du bist der einzige Sohn!«) mit einem leicht entstellten Zitat: »Richtig, aussterben oder nicht aussterben, das ist die Familienfrage.« Für den nächsten Einwand (»Du bist kein Knabe mehr«) hat er auch ein Zitat parat: »Dreißig Jahre und noch nichts für die Unsterblichkeit getan!« (I 4; SW 22, 12) Die Zitate unterlaufen sarkastisch jenes Selbstverständnis, das in der Erhaltung der Familie die Erhaltung der Identität über den Tod hinaus verspricht. Was in Paul de Kocks Roman angelegt war, die Unterschiedlichkeit verschiedener Erziehungsmodelle zu demonstrieren, verwandelt sich unter dem Zugriff Nestroys zu einem Familiendrama, zu einem Familienverfallsdrama. Der Blick auf eine ganze Familie fehlt zwar hier wie in den meisten anderen Stücken, doch wird immer wieder auf die Verwandtschaft der beiden unterschiedlichen Vettern rekurriert, als sie die Tiefen des Stadtlebens kennenlernen müssen. Was sich wie ein ernstzunehmender Grundsatz für die Erziehung anhört, verkümmert in den Worten des biederen Moritz zur Phrase, nämlich die Einsicht, »daß es viel besser ist, einen strengen Vater als eine zu gute Mutter zu haben«. (Variante IV 5; SW 12, 265)

In »Die lieben Anverwandten«, einer Dramatisierung des Romans »Martin Chuzzlewit« von Charles Dickens, wird das Idyll, in dem Familie Edelschein lebt, auf ähnliche Weise entlarvt. Von Anfang an ist die Großfamilie nichts anderes als eine Erborganisation. Edelschein weiß das ebenso wie sein Gegenspieler Stachelbaum: »›Vetter‹ und ›hochgeschätzt‹ – in diesen zwei Worten charakterisiert sich das selbstsüchtige Neffengezücht, dem jeder Gläubiger-Kopf ein Stoßgebet erpreßt, es möge den mit Fünf-Gulden-Genauigkeit geschätzten Vetter der Himmel baldigst zu sich rufen, oder – was ganz dieselben Dienste leistet – es möge ihn recht bald der Teufel holen.« (I 6; BR 5, 11 f.) Doch Edelschein läßt sich nicht abschütteln. Er schmückt die Familienfassade weiter aus. Die Stabilisierung des Patriarchats erfolgt nur, um sich in der Erbfolge den richtigen Platz zu sichern. Edelschein ist der Mustervater von Mustertöchtern: »Zwei Stunden ohne Väterchen, das ist gar viel«, sagt die falsche Betty zu ihrem Vater. (I 9; BR 5, 20)

Die Familie erscheint durch das Bild, das Nestroy von ihr entwirft, als eine höchst problematische Einrichtung. Sie ist den Belastungsproben nicht gewachsen. Das Idyll kann nicht mehr wiederhergestellt werden. Zu fragen, ob Nestroy nun tatsächlich gezeigt habe, wie die Familie zu seiner Zeit funktionierte oder nicht funktionierte oder ob sein Bild im Gegensatz zu den Einsichten der Sozialwissenschaft oder der Familienideologie des Biedermeier stehe, ist nicht angebracht. In der Tat sind Fakten aus der Sozialgeschichte der Familie aus dem Werk Nestroys ablesbar, dieses läßt sich aber nicht als Quelle zur Rekonstruktion der typischen Biedermeierfamilie heranziehen. Zum anderen werden Daten der Sozial- und Wirtschaftsgeschichte erst durch den demiurgischen Zugriff Nestroys lebendig.

In jedem Fall ist für das Biedermeier die Behandlung der Familie und der Familienbeziehungen bei Nestroy singulär. Das Schicksal lastet nicht, wie im Schicksalsdrama, als Fluch auf einer Familie, sondern die Familie ist das Schicksal. Man kann nicht an gegen die Familie, sie ist das Verhängte, das Verhängnis, und zwar nicht als übergeordnete, anonyme Macht, sondern als eine von konkreten Interessen dominierte Zwangsgemeinschaft, der man sich nicht entziehen kann. Selbst den familienflüchtigen Zwirn holt die Familie in Gestalt seiner untadeligen Tochter noch ein.

Man hat das auch anders gesehen, und Johann Hüttner billigt der Rolle der Familie bei Nestroy keine singuläre Stellung in der Literatur seiner Zeit zu, sondern meint, daß hier »eine Tradition oder Kritik der Tradition des bürgerlichen Schauspiels« im Vordergrund stehe. (Hüttner 2000, 19) Es mag zutreffen, daß das Wiener Volkstheater immer noch von dem Erbe der Aufklärung, zu dem es sich meist parodistisch verhält, verwaltet wird; es mag sein, daß die Nestroy'schen Hausväter sich irgendwie vom Typ des Hausvaters herleiten, wie Diderot ihn entwarf, doch scheint mir sonst die Radikalität, mit der die Familie als Institution karikiert oder in Frage gestellt wird, kaum auf der Bühne präsent zu sein. Mit dieser Radikalität provozierte Nestroy, und die Reaktionen gerade auf »Die beiden Herren Söhne« sind Zeugnis für diese Verstörung.

Nestroys Possen stehen am Anfang eines Dissoziationsprozesses von Literatur und Familie; die Autoren – und da nimmt Nestroy wohl eine Schlüsselstellung ein – entfernen sich zusehends vom Ideal der intakten, der ganzen, der großen Familie. Die österreichischen Dichter des Biedermeier, ob verheiratet, ledig, verwitwet oder geschieden, sie waren, ob freiwillig oder unfreiwillig, Hagestolze: Raimund, Grillparzer, Stifter, Lenau, Sealsfield und Nestroy. (vgl. Hüttner 2000, 19) Das Schreiben scheint die Autoren in den unfreiwilligen Zölibat zu drängen. Immer weniger ist die Praxis des Literaten mit Ehe oder Familie aussöhnbar. Die Gründe für diesen Dissoziationsprozeß sind vielschichtig, und in manchen Autoren steckt noch die Erinnerung an die Familie als Rest einer verlorenen Utopie.

Karl Kraus: »Die Familie ist das, was unter allen Umständen überwunden werden muß. Familiengefühle zieht man bei besonderen Gelegenheiten an. Man liebe seine Verwandten, wenn sie etwas angestellt haben. Aber mit anständigen Leuten zu verkehren, wenn sie verwandt sind, ist kompromittierend.« (Kraus 1955, 67) Noch drastischer formulierte dies Heimito von Doderer im Jahre 1921: »Wer sich in Familie begibt, kommt darin um.« (Doderer 1996, 54)

16. Helden ohne Mut
und Auftrag

Der Abstand Nestroy'scher Possen zum bürgerlichen Trauerspiel, zu den Familientragödien und den Schicksalsdramen seiner Zeitgenossen ist mit freiem Auge erkennbar, aber – und darauf zielte der vorangehende Abschnitt ab – dies sollte nicht dazu verleiten, diesen Texten auch die Triftigkeit in thematischer Hinsicht abzusprechen. Nestroy analysiert vielmehr mittelbar den Zustand der Institution Familie, die bis in unsere Tage als Garant von Werten gilt und für die bis zum gegenwärtigen Zeitpunkt trotz verschiedener Versuche kein angemessener Ersatz geschaffen werden konnte. Auch Nestroy bietet keine Alternativvorschläge, ja seine bürgerlichen Helden sowie ihre Kinder und Frauen bieten sich auch nicht als Gegenstand des Mitleids an, so wie etwa eine Emilia Galotti und ihr strenger Vater oder gar der Meister Anton und seine Tochter in Hebbels »Maria Magdalena«. Hier fehlt der böse Gegenspieler, der Herr, der seine Untugend ausleben kann. Es fehlen die Verführer der Unschuld, da die Unschuld fraglich geworden ist.

Diesen Stücken fehlt die Dimension des Heldischen, es fehlt die Fallhöhe, die aus den Dramatis personae tragische Figuren machen könnte. So brüchig und problematisch die Heldinnen und Helden Lessings, Goethes und Schillers auch sein mögen: Ihnen kommen Eigenschaften zu, die ihre Größe und Stellung bestimmen, sie werden vor Entscheidungen gestellt, denen sich die anderen nicht konfrontiert sehen. In der Wiener Komödie organisieren sich Tugenden – sei es das Philanthrope, sei es das Heldenhafte – immer von ihrem Gegenteil her, das heißt also vom Misanthropischen und Unheroischen. Die Tugenden werden für diese Bühne ohne höhere Ansprüche nicht eigens formuliert – sie verstehen sich von selbst. Ihnen wird bei Raimund zwar allegorisch kurz gehuldigt, aber in diesem Tugendkatalog steht die Zufriedenheit obenan, und der Tapferkeit wird kaum Reverenz erwiesen.

Die Helden der Wiener Komödie sind meist in Bewegung, allerdings in die entgegengesetzte Richtung. In Felix von Kurz-Bernardons Parodie »Die Getreue Prinzeßin Pumphia, und Hanns-Wurst Der tyrannische Tartar-Kulikan« (1756) geht es um den Kampf der Perser mit den Tataren; das Stück beginnt mit der Flucht der Perser: »[E]s lauffen etliche Persische Soldaten über das Theater, alsdann kommet König Cyrus, und sein Feldherr Sigelvax ganz ängstig nachgeloffen.« Der König ruft seinen Getreuen zu: »Lauft doch in Henkers Nam nicht alle gar davon.« Die Regieanweisung entlarvt den Befehl als Phrase: »Lauft geschwind ab.« Ähnlich der Feldherr Sigelvax: »Nein Herr, ich lauffe nicht, dein Feldherr stehet schon.« Abermals widerruft die Regieanmerkung die Aussage: »Lauft auch ab.« (Hanswurstiaden 1996, 75) So lernen wir diese Helden kennen. Sie bramarbasieren, sie sind im besten Falle Milites gloriosi, wie der Tatarenfürst, der aber auch seinem Heldenmut Adieu sagt, da er der bewunderten Pumphia ansichtig wird: »Was grosser Heldenmut! ach Pumphia! ach sieh!/Wie ich als Herr, und Sclav auf meinen Knien knie.« (Hanswurstiaden 1996, 80 f.) Trotz bluttriefender Rhetorik hat die Schlacht keinen Schrecken mehr; die Abstürze ins Komische sind jäh und erfrischend. Pumphia sieht das Schlachtfeld: »Grausamer Anblick von Verwundten, und von Todten, / Sie sind von Blut so rot, wie Krebse, die gesotten.« (Hanswurstiaden 1996, 78)

Es ist, als ob der Schrecken des Krieges durch drastische Komik gebannt werden sollte. Den Helden werden keine Denkmäler gesetzt, die an große Taten erinnern sollten. In Philipp Hafners Parodie »Evakathel und Schnudi« (1764) stirbt der Held am Ende, und die Hinterbliebenen wollen »die Geschichte in Erz und Klenkas [Schmierkäse]« hauen lassen. (Parodien 1986, 27)

Wenn sie nicht gerade fliehen, dann fallen die Helden des Wiener Volkstheaters. So verschafft sich der Prinz Tamino zu Beginn der »Zauberflöte« einen höchst ungünstigen Auftritt, da er beim Anblick der Schlange umfällt. Der Held hat gerade die Bühne betreten, und schon liegt er da, »in Ohnmacht«. Die Königin der Nacht muß ihn bitten, nicht zu zittern, und erst durch die Zauberflöte, die er als Leihgabe erhält, wird er mutig.

Dieser Umweg führt zu Nestroys »Der Färber und sein Zwillingsbruder«, doch vorher sei noch ein Blick auf Raimunds »Die unheilbringende Zauberkrone oder König ohne Reich, Held ohne Mut, Schönheit ohne Jugend« (1829), eines der weniger bekannten Stücke des Autors, gestattet. In diesem Werk, das nicht ohne Grund kaum den Weg auf die Bühne findet, wird sehr schön die Problematik des Heldischen im Wiener Volkstheater kenntlich. Daß ein Held ohne Mut gefunden werden soll, gehört zur Aufgabenstellung eben dieses Stückes; zunächst aber muß der Schneider Simplicius Zitternadel – der Name sagt alles – zu einem Helden mit Mut werden. Man läßt ihn aus einem Zaubersee trinken, und wer das getan hat, der muß so viel Blut vergießen, wie er Wasser aus dem See getrunken hat. In einem Duett – sinnigerweise mit einem Mädchen namens Arete – erklärt er: »Ich bin ein Held, wie's keiner ist«, und meint mit Bezug auf seinen Beruf: »Ich stech' oft ganze Tag drauf los.« (Raimund SW II 2, 266) Simplicius – und wer von uns Heutigen denkt da nicht an Obelix? – erhält den Zaubertrank, und da entwickelt Raimund in der Wahnrede des Helden den Typ des nicht nur körperlichen Helden, sondern auch des Worthelden: »[Ich] krieg einen Zorn wie ein kalekutischer Hahn und weiß nicht wegen was. […] Bringt mir einen Stock, ich wix mich selbst herum.« (Raimund SW II 2, 277) Was der so Verzauberte in der Folge anzubieten hat, klingt, entfernt man es aus dem Text des Zauberspiels, schon gar nicht mehr so komisch: »Ich kann mir nicht helfen, wie ich nur einen Menschen seh', so möcht ich ihn schon in der Mitte voneinander reißen. […] oder wenn ich wo unter der Hand billige Kanonen zu kaufen bekäm', ich erschießet' die ganze Stadt, und die Vorstadt auch dazu.« (Raimund SW II 2, 291) Nationalistische Haßgesänge werden in seinem Lied vorweggenommen: »Die Völker steh'n mir auch nicht an,/ D'Kalmuken, d'Hugenotten,/ Und wen ich gar nicht leiden kann,/ Das sind die Hottentotten./ Da möcht' ich grad' vor Wut vergeh'n/ Und ich hab' nicht einmal ein' g'sehn.« (Raimund SW II 2, 298)

In seinem blinden Mut überwindet Simplicius auch

den Eber, vor dem alle anderen zuvor geflohen waren: »[I]ch stürz' mich auf ihn los und stich' ihn auf der unrechten Seiten hinein und auf der rechten wieder heraus,« verkündet er (Raimund SW II 2, 303), doch nach der Heldentat – die Wirkung des Trankes läßt nach – läuft er davon: »Kaum ist der Eber in seinem Blut dagelegen, ist er mir zwanzigmal so groß vorkommen als vorher, so daß ich zu zittern ang'fangt hab', und hab' ihn nicht ans'ehn können mehr.« (Raimund SW II 2, 307) Wieder ein Held malgré lui. Als ihn der Jubel des Volkes umtobt und er als Held eingekleidet wird, beginnt er über die Konsequenzen seiner Tat nachzudenken, und es graut ihn vor seinem eigenen Ich. Seine Investitur mit einem goldenen griechischen Panzer und der Eberhaut, die er nun wie ein anderer Herakles tragen soll, läßt ihn an sich irrewerden: »Was s' mit mir alles treiben! Jetzt nähen s' mich mitten im Sommer in eine Eberhaut ein, da möcht' einer doch aus der Haut fahren!« (Raimund SW II 2, 317) Das ist, so könnte man folgern, der zivile Protest gegen das martialische Gebaren, gegen die widernatürliche männliche Maskerade durch eine Paradeuniform. In der Figur des Simplicius ist mehr an Wahrheit über das militärische Gehabe enthalten, als den Zuschauern damals bewußt werden konnte. Die Kategorie des Heldischen scheint aufgehoben, indem die Einheit von Held und Feigling in der Figur des Simplicius durchaus glaubhaft konzipiert zu sein scheint: Wer ein Feigling ist, kann leicht als Held erscheinen.

Ähnlich verhält es sich mit Rustan in Grillparzers »Der Traum ein Leben« (1834). In seinem Wachleben sehnt sich Rustan nach einer militärischen Karriere: Schon seine Vorfahren waren Krieger, und er will sich nicht auf so schmähliche Weise »verliegen«. Im Traum sieht er sich schon auf dem Weg nach Samarkand, begegnet der Schlange, die den König bedroht, verfehlt sie aber, während ein bleicher Jäger sie tötet. Rustan erliegt aber den Einflüsterungen Zangas, gibt sich als der aus, der die Schlange erlegt hat. Diese Traumsituation ist der Eingangsszene der »Zauberflöte« merklich nachgestellt: Nur gibt sich dort Papageno als der Retter aus, wofür er denn auch bestraft wird.

Rustans geträumte Blitzkarriere am Hofe des Königs kann beginnen. Sein Heldentum baut auf dem Schein auf, und er weiß sich in dieser Schweinwelt zu bewegen, ja er hat sogar Glück in der Schlacht. Wieder ist es Zanga, der mit ambivalenter Rede von den Taten seines Herrn berichtet: »Da sieht Rustan jenen Chan, / Der so überstolz getan, / Sprengt auf ihn,– zwar, wie mich dünkt, / Ist das just der Punkt, der hinkt: – / Rustan stürzt. Allein, was tut's! / Unsre Völker, hohen Muts, / Sehen bange Zweifel schweben / Ob des Führers teurem Leben, / Dringen nach, und – sahst du's nicht! / Bald kein Feind mehr im Gesicht.« (Grillparzer 1987, 138) Wie Raimunds Simplicius wird auch Rustan erhoben; dieser soll die Hand der Königstochter erhalten, das ganze Reich dazu. Der weitere Aufstieg und jähe Fall Rustans in der Traumhandlung braucht uns hier nicht weiter zu beschäftigen, aufschlußreich ist die Art, wie Grillparzer seinen Helden zu einem solchen macht. Der Punkt, »der hinkt«, ist der springende Punkt des Berichts. Diese von Zanga als marginal vermerkte Tatsache – eine Fehlleistung, ein kleiner Betriebsunfall – ist signifikant für die Art des Heldentums, die Rustan verkörpert. Das Heldentum, von dem Rustan träumt, existiert nicht mehr, es ist traumhaft, wie ja eine so steile Karriere nur mit dem Epitheton »traumhaft« charakterisiert werden kann. Der Fehlschuß Rustans zu Beginn und sein Sturz zeigen, daß dieses Heldentum von Anfang an nur auf Sand gebaut ist, daß es unversehrt nicht mehr möglich ist und daß es der Propagandamaschinerie und ihrer Entstellungsmechanismen bedarf, um den Helden überhaupt herzustellen. Zanga ist der nüchterne Rechner, dem alles recht ist, sofern es ihm gelingt, für die anderen die Macht zu organisieren, um über die Mächtigen zu herrschen. Grillparzers Rustan ist einer der ersten Helden, die ihr Heldentum den Medien verdanken. Die hohlen Phrasen, mit denen Rustan seine Karriere verziert, sind die Blendfassade, hinter der Zanga sein schäbiges Werk betreiben kann. Zangas Kunst der Intrige erzeugt den Diktator; die militärische Karriere ist der schnellste Weg zur Macht. Grillparzers immanente Kritik an diesem auf gesellschaftliche Anerkennung ausgerichteten militärischen Normenkodex erfolgt in der Rustan-Handlung. Indem Grillparzer die Brüchigkeit dieses ehrgeizigen Helden zeigt, verdeutlicht er auch, daß dieses Heldentum nur mehr rhetorisch präsent ist. Rustans Heilung durch den Traum, sein Bekenntnis zur Hütte, das sich gegen den im Traum erlebten Palast richtet, ist sicherlich auch Teil einer biedermeierlichen Glückslehre, doch wird darin auch vehement der verblendete Ahnenstolz kritisiert, der das Heldentum auf dem Erbwege legitimiert sehen möchte.

Die Reduktion des Textes auf eine Parabel, für die nur »des Innern stiller Frieden« (Grillparzer 1987, 191) zählt, mag naheliegend sein, sie unterschlägt aber die wesentliche Leistung dieses Stückes: den Helden psychologisch fragwürdig zu machen und das Heldentum nicht als das Ergebnis weiser, womöglich durch die Vorsehung bedingter Lenkung auszugeben, sondern seine Entstehung durch Lüge, Zufall und Betrug darzustellen. Wie den Komödien Nestroys und Raimunds wird auch diesem Stück Grillparzers Harmlosigkeit unterstellt, ja es wird sogar »vor einer superklugen Überinterpretation und Überbewertung des Kassenschlagers« (Sengle 1980, 92) gewarnt, doch bedarf es keiner besonderen hermeneutischen Anstrengung, um zu erkennen, daß dieses Stück, auch wenn es am Ende in die Beschaulichkeit der Hütte zurückführt, deutlich und erkennbar die martialische Autorität und ihren scheinhaften Glanz einer herben Kritik aussetzt.

17. Gegen alles Reglement

Durch Helden wie diese war das Publikum für den oder die Helden in Adolphe Adams Opéra comique »Le brasseur de Preston« vorbereitet; deren Text stammt von de Leuven (Adolf Graf Ribbing) und Brunswick (Léon Lhérie) und diente als Vorlage für Nestroys »Der Färber und sein Zwillingsbruder«. (Vgl. SW 16/I, 93) Das bedeutet, daß Antihelden, wie sie anhand der Texte Raimunds und Grillparzers skizziert wurden, nicht nur auf der Wiener Bühne heimisch sein mußten. Doch ist die Hauptfigur in Adams Oper, der reiche Bierbrauer Robinson, keineswegs eine komische Figur mit beinahe thaddädelhaften Zügen wie bei Nestroy; er ist zwar nicht nachgerade ein Held, aber so läppisch wie Nestroys Färber Kilian ist er doch nicht. Er ist ein Bonvivant, der noch einmal heiratet, da er Kinder will, er ist schalkhaft und keineswegs so schüchtern wie Nestroys Figur.

Auch das subtil gestaltete Verhältnis der beiden Geschwister als Gegenpole, die einander anziehen, findet sich im »Brasseur de Preston« nicht. (SW 16/I, 97) Während es in der Vorlage eher darum geht, das behagliche Bürgertum zu kritisieren, richtet sich Nestroys Witz gegen das Militär, seine Rituale und seine Doktrinen. Nestroy ist es offenkundig darum zu tun, die Inkompatibilität von Kilian, dem Zivilisten, und Hermann, dem Militaristen, anschaulich zu machen. Am schönsten läßt sich der Unterschied in der Einkleidungsszene demonstrieren. Kilian muß – wie Robinson – eine Uniform anziehen, Kilian paßt – wie Robinson – nicht in diese. Was bei de Leuven/Brunswick zu einer harmlosen Drillszene verkümmert, wird bei Nestroy zu einer Demontage des Militärs und führt zu einer Antikriegs-Allegorie. Erscheint bei de Leuven/Brunswick Robinson »en uniform d'officier, mais ridiculement habillé« (SW 16/I, 292), so ist Kilian bei Nestroy »gegen alles Reglement« (II 12; SW 16/I, 36) gekleidet. Offenkundig wußte das Publikum genau, wie ein Grenzwachesoldat auszusehen hatte. Der Vergleich der Vorlage mit Nestroys Text zeigt deutlich den unterschiedlichen Stellenwert des Militärischen. Während das

Erstaunen von Robinsons Braut über dessen Aussehen kaum Folgen hat, distanziert sich Kilian von der ihm zugemuteten Rolle. Er begreift sich selbst als Zerrbild des Krieges: »Schau mich nur recht an, mir schaut der Krieg bey die Augen heraus, jeder Ton den ich von mir geb' ist Sturmgeläute, und jede Nagelwurzen kündet Verheerung an.« (I 12; SW 16/I, 36)

Das mutet an wie eine nach Arcimboldo geformte, allerdings sich selbst ironisierende Allegorie. Zugleich wird damit die Kriegsrhetorik Rustans fortgesetzt, auch die Aufschwünge des Simplicius Zitternadel ins Heldische. Verdeutlicht wird die Unfähigkeit Kilians zum Soldatentum durch Roserl, die sich als besonders militärisch erweisen will. Sie beherrscht den soldatischen Jargon und Habitus weitaus besser als Kilian, der sie schon als Mutter und zugleich echte Marketenderin sieht: »Ah Roserl – Du das wird prächtig stehn, wenn du einmahl Mutter bist, du ein *Cigarro* 's Kind ein Suzel in Maul, wennst du's so einschläfern thust'.« (I 12; SW 16/I, 37)

Meisterhaft führt Nestroy vor, wie Kilian in die Maschinerie des Krieges gerät: Da gibt es kein Zurück, er steht in der Tradition der fragwürdigen Helden seit Kurz-Bernardon, und weiß, daß er im »Rücken plessirt« (II 18; SW 16/I, 47) werden wird. Bei de Leuven/Brunswick ist es die »noble mission que vous avez acceptée« (SW 16/I, 296), bei Nestroy fehlen derlei ans Moralische rührende Motivationen. Dafür finden sich drastische Umschreibungen der Todesangst. Zudem gehen Kilian – Rustan vergleichbar – die primitivsten militärischen Kenntnisse ab. Konnte sich Rustan als Dilettant noch mit dem Schein des Kriegers ausstatten, so ist Kilian nicht imstande zu reiten. Aber just dieses Moment der Unfähigkeit wird – wie auch der Sturz Rustans – zur Ursache des militärischen Erfolges. Wie Simplicius erringt Kilian den Sieg dadurch, daß die Gefahr mißachtet wird. Auch hier ist der Unterschied zur Vorlage auffallend: Robinson preist zwar – wie Kilian – das Pferd seines Bruders, aber verzichtet darauf, die Schlachtsituation so grotesk auszupinseln, wie dies Kilian besorgt. Lediglich am Ende der Arie Robinsons erfolgt so etwas wie ein Bauchaufschwung in den Humor, wenn er sein Schlachtroß anspricht: »Noble animal, / Puisque qu'on me nomme capitaine / On doit te nommer général!« (SW 16/I, 298; Übersetzung: Edles Tier, / wenn man mich Kapitän nennt, / muß man dich General nennen!)

Ein ganz anderes Bild diesen Heldenrittes bietet Nestroy. Die Tat wird im Zustand der Bewußtlosigkeit begangen. Zugleich wird evident, wie wenig die Eigenverantwortlichkeit des Helden gegeben ist. Der Schimmel, der diesen Färber zum Triumph trägt, repräsentiert die Kriegsmaschinerie, die sich verselbständigt hat und der es gleichgültig ist, wer sie bedient. Der Sieg erscheint als Zufallsprodukt, als Laune des Glückes und zugleich als Beginn einer fulminanten Blitzkarriere, die zwangsläufig zu einer Eheschließung führt. Da kann Kilian noch kneifen, denn das Private bleibt reservat.

Es liegt mir fern, die Helden bei Raimund, Grillparzer und Nestroy gleichzusetzen, doch daß sie eine Fülle von Gemeinsamkeiten aufweisen, ist auffallend und scheint nicht nur ein Produkt des Zufalls zu sein. In der genauen

Beschreibung dieser Gemeinsamkeiten erst lassen sich die Besonderheiten der drei Stücke erfassen. Es geht also nicht um platte Parallelisierungen, sondern um den Versuch, die Rolle des Heldischen und damit auch des Militärischen und des Krieges im Bereich des Wiener Volksstückes zu orten. Natürlich eignet sich die Rolle des Soldaten im Kampf nicht zentral für diesen Stücktypus, weil der Tod ja meist aus diesem verbannt zu sein scheint. Ich rechne auch Grillparzers »Der Traum ein Leben« nicht ohne Grund zu diesem Bereich, weil in diesem die Wechselwirkung zwischen Volks- und Burgtheater recht anschaulich wird.

Allen drei Stücken ist etwas gemeinsam: Die Heldentaten werden von den Zentralfiguren nicht selbst durchgeführt. Sie sind als Helden immer ein anderer: Simplicius Zitternadel wird durch den Trank zu einem anderen, Rustan ist ein Träumender, und Kilian fungiert als Substitut für seinen Bruder. Dieser Befund läßt sich vielleicht so lesen: Der Held ist keine integrale Persönlichkeit mehr. Bei Raimunds Helden sind zum einen Tollkühnheit, Vermessenheit, ja die blind machende Liebe zur Gefahr und zum anderen maßlose Feigheit zwei Seiten derselben Medaille. Rustan lebt im Schlaf seine Tagträume aus. Der Traum bringt ihm zu Bewußtsein, daß seine Wunschprojektionen und die Realität weit auseinanderklaffen. Der schneidige Hermann Blau bei Nestroy ist in einem gewissen Sinne auch das Alter ego seines Bruders, als dessen Gegenteil er Punkt für Punkt gestaltet wird. Der Zwilling Hermann ist, überspitzt formuliert, der andere Zustand Kilians. Simplicius und Rustan befinden sich, als sie ihre Heldentaten begehen, ebenfalls in einem anderen Zustand.

Entzauberung des Heroismus – das ist der entscheidende Beitrag des österreichischen Volksstückes bis in die Zeit Nestroys hinein. Der Zauber der Montur wirkt nicht, die Handlungen sind vielmehr darauf ausgerichtet, das Verhängnis, das sie verkörpern, zu dämpfen.

18. Rindfleisch

Militär und Familie: eine für das 19. Jahrhundert durchaus kennzeichnende Alternative, die allerdings nur den Männern offenstand. Eduard in Goethes »Wahlverwandtschaften« stürzt sich ins Kriegsgetümmel, als ihm das Leben neben Charlotte und Ottilie zur Qual wird, und Wronski in Tolstois »Anna Karenina« zieht nach Bulgarien in den Krieg, um seiner prekären privaten Situation als Liebhaber zu entkommen. Es scheint, als müßten Nestroys Figuren auf ihrer Lebensbahn die enge Passage zwischen der Scylla der Familie und der Charybdis des Militärs befahren: Auf der einen Seite gibt es das Idyll der glückhaften Beschränkung auf die Familie, auf der anderen Seite droht der Tod ohne Verklärung. Ganz anders als Raimund versagt sich Nestroy den Utopien und damit auch all den Zwängen, die sie mit sich bringen; er befreit von jenen Visionen des geglückten Lebens, mit denen sich vor der Majestät des Ich oder den neidigen Zeitgenossen paradieren läßt. Zum anderen warnt Nestroys ganzes Werk vor den Gefahren, deren Monstrosität erst im 20. Jahrhundert erkennbar wurde: vor der Dämonie des rabiat gewordenen spießigen Kleinbürgertums und vor der vernichtenden Macht des militärischen Apparates, überhaupt vor jedem Wahn, der um der Ordnung willen dem Witz und der Freiheit den Garaus macht.

Nestroys gesellschaftskritische Botschaft hören wir bis in unsere Tage, allerdings fehlt uns der Glaube an eine Heilslehre, vor allem an eine Heilslehre, die Nestroys Texten abgepreßt werden könnte.

»Nestroys Satire war ein Maximum kleinbürgerlich-intellektueller Revolte gegen die geordneten Zustände eines gesellschaftlichen Schweinestalls. Über die äußersten Grenzen einer solchen Revolte ging sie nicht hinaus«, befand Ernst Fischer in seiner Studie über Nestroy. (Fischer 1962, 183) Damit werden auch die für den Marxisten Fischer deutlich erkennbaren Grenzen in der politischen Praxis und im politischen Denken bei Nestroy markiert: Es sind auch die Grenzen, an die Fischer stößt; und behutsam macht er hier kehrt, wo Nestroys nach 1848 mehrfache kundgetane Konservativität einer positiven Bewertung im Weg stehen würde. Die Widersprüche angesichts der Haltung Nestroys zur Revolution von 1848 und ihren Folgen mögen denen Fischers nicht unverwandt gewesen sein; in jedem Falle verweigert er mit einer Indulgenz, die ihm Ehre macht, die Konsequenz, zu der ihn seine marxistische Position zwingen würde. Nichts ist leichter, als Nestroys Versagen in Anbetracht der Revolution zu deklarieren. Fischer läßt sich nur zu sanftem Tadel herbei: »Nestroy schrak vor dem Klassenkampf der Arbeiter und dem Kampf der Nationen um Unabhängigkeit zurück. So anders er war, in dieser Problematik wandte er sich Grillparzer zu.« (Fischer 1962, 184)

»Kann man Apetit zum Rindfleisch haben, wenn man bedenkt, daß die Ochsen von Polen und Ungarn kommen, und daß folglich auch Ihnen Etwas von jener dort grassierenden Seuche – von den politischen Ärzten ›Nationalitätenschwindel‹ genannt – anklebt? Kann man das Schweinerne goutieren, wenn man bedenkt, daß die Schweinezucht speziell aus Ungarn stammt? – Quillt einem beim Lämmernen nicht der Bissen im Mund, wenn man an die Lammsgeduld denkt, mit der man in Pesth ungestraft die K[aiserlichen] Adler herunterreißen ließ und dieß Attentat nur in Croatien unstatthaft fand? [...] Mit den Mehlspeisen hat man das nehmliche Gefrett. Können einem die böhmischen Dalken schmecken, wenn man bedenkt, daß die ungenießbaren Rieger und Palacky auch dazugehören? Bringt man einen ›Tirolerstrudel‹ hinunter, wenn man an den Innsbrucker Landtag denkt, und an all das Eckelhafte, womit ein Paar intolerante Oroviste und gesinnungsverwandte Staatshämorhoidarien das liberale confessionelle Gleichberechtigung verkündende Gesetz des Kaisers zu besudeln wagen?« (Nestroy 1977, 216 f.)

Diese vielzitierten Worte aus dem Brief an den Freund Erich Stainhauser vom 2. Mai 1861 muten an wie ein – heute politisch unkorrekter – Auftrittsmonolog, den sich der späte und auf der Bühne kaum mehr präsente Nestroy noch einmal auf den Leib und von der Seele schreiben möchte. Die politische Phantasie des Österreichers kreist immer ums Kulinarische. Mag der Witz in diesem Brief auch besonders leichtlebig sein, so enthält er doch die immer wieder aufs neue – und zur Jahrtausendwende geradezu auf makabre Weise – sich bestätigende Wahrheit, daß Essen und Politik miteinander untrennbar verbunden sind. Hier resigniert einer und schöpft aus der Resignation doch wieder Kraft: »Und wären die Schwierigkeiten noch Zehnmal schwieriger, ich baue auf Grillparzer; mit Energie und Thatkraft ist so ein bischen Staatsmaschine schnell ins rechte Geleis gebracht, und so gebe ich mich den rosigsten optimistischesten Anschauungen hin.« (Nestroy 1977, 217 f.) So ganz wörtlich braucht man diese Zeilen vielleicht nicht zu nehmen, doch desavouiert die leichte Ironie keineswegs die Ansätze eines Programms, das den Lebenspraktikern, die sich um das »rechte Geleis« kümmern wollen, zugemutet werden kann.

Selbst dort, wo Nestroy in unserem Sinne konservativ oder gar reaktionär zu sein scheint, liefert er weder den Konservativen noch den Reaktionären Munition, sondern geht auf Distanz zu jeder Meinungsmache, die ihn zum Kronzeugen für ein sanft und an seinen Widersprüchen untergehendes Habsburgerreich machen möchte: Die Optionen für Habsburg sind den Argumenten nicht unverwandt, mit denen Grillparzer seinen Kaiser Rudolf in »Ein Bruderzwist in Habsburg« gegen das nationalistische Gefasel und die egoistischen Interessen seiner eigenen Verwandten und Adelsstände durch Nichthandeln handeln läßt.

Doch solche Ambivalenzen und Unschärfen, die in der Tat die Genauigkeit der Literatur verbürgen, dürfen in der Wissenschaft und im besonderen der Literaturwissenschaft nicht bestehen und – so meinen ihre Vertreter forsch – können vor ihr nicht bestehen.

So kann eine Dissertation aus dem Jahre 1995 – also ein fast taufrisches Opus – ihr Programm wie folgt umreißen: »In dieser Arbeit soll gezeigt werden, daß Nestroy sein Gesamtwerk nach einer konservativen Gesellschaftsidee konzipierte.« (Reichmann 1995, 24) Beglückend die Blauäugigkeit, mit der Nestroys soziale Antagonismen betrachtet werden: »Taucht in einem Nestroy'schen Stück die Figur eines alten Dieners auf, deutet dies sofort auf ein nach tradierten Normen funktionierendes und somit positiv dargestelltes Dienstverhältnis hin.« (Reichmann 1995, 89)

Aus alledem ergibt sich eine klar destillierbare Moral: »Der nicht-reiche Mensch soll deshalb mit seinem kleinen Glück zufrieden sein und nicht nach oben oder nach Reichtum streben. Nestroy und ›Dallas‹ sollen systemerhaltende Wirkung haben.« Doch so ganz scheint die Gleichung Nestroy – »Dallas« nicht aufzugehen, und der Leser wird durch eine Anmerkung beruhigt: »Der wesentliche Unterschied zwischen ›Dallas‹ und Nestroy ist, daß Nestroy die Situation der Armen beschreibt – hierauf verzichtet die amerikanische Serie – und im dramaturgischen Aufbau seiner Stücke – ›Bekehrung‹ der Aufsteiger zum kleinen Glück oder soziale ›Bestrafung der Neureichen‹ – eine Lösung aus einer negativ dargestellten gesellschaftlichen Situation aufzeigt. Die amerikanische Serie beschränkt sich darauf, die Situation der Reichen darzustellen.« (Reichmann 1995, 53) Bewundernswert, wie

Papier diese Probe soziologischen wie literaturwissenschaftlichen Scharfsinns auszuhalten vermag: Trotz aller Unterschiede werden Nestroy und »Dallas« in die »systemerhaltende« Scheune eingefahren, wobei die Frage, um welches System es sich handelt, schon gar nicht mehr gestellt zu werden braucht.

Ein Nestroy'scher Diener wie Johann in »Zu ebener Erde und erster Stock« ist wie sein Herr Goldfuchs auch nur ein Zähler auf dem gemeinsamen Nenner der Gemeinheit, die das bestehende System schon so gebrechlich hatte werden lassen, daß nur eine Radikalkur es wieder funktionstüchtig hätte machen können. Ernst Fischer meinte gar, daß es bei Nestroy vor 1848 nicht um »die Familienehre eines Unbedeutenden, nicht um die Privataktion eines rechtschaffenen Handwerkers, sondern um den Beweis [ging], daß es ein System zu stürzen galt.« (Fischer 1962, 183) Das geht ein wenig zu weit, aber daß hier systemerhaltende Kräfte am Werk waren, die sich noch im Verhältnis von Herr und Diener manifestieren würden, läßt sich den Texten nie und nimmer abgewinnen.

Bedenken wurden allerdings gegen die Gestaltung der Juden in der Hebbel-Parodie »Judith und Holofernes« (1849) vorgebracht: »Der fröhliche Antisemitismus. Nestroy in der Unterwelt« lautet der einschlägige Abschnitt in Gerhard Scheits Buch über den Hanswurst: Den Antisemitismus habe man – selbst wenn es sich um Kritiker jüdischer Herkunft handelte – so gut wie gar nicht wahrnehmen wollen, bis Jürgen Hein, W. E. Yates und Colin Walker den Zusammenhang mit dem Antisemitismus in Wien hergestellt hätten. Scheit: »Nestroys Hebbel-Parodie steht exakt am Wendepunkt zum modernen Antisemitismus«, dessen Spezifik nicht im Vorurteil gegen die Geldmacht der Juden oder in der Fixierung auf Blut und Rasse begründet sei, sondern »in der Formierung des Nationalstaates«. (Scheit 1995, 133) Schließlich trägt ja in der Parodie das jüdische Bethulien den Sieg über den Machtmenschen Holofernes davon – damit hätte das Judentum sich als politisch ernstzunehmende Instanz etabliert. So falsch es sein mag, über Nestroys Vorurteil gegen die Juden und über die Mittel der Komik, mit denen diese verächtlich gemacht werden sollen, hinwegzusehen, so bedenklich scheint es mir doch, darin eine rigide judenfeindliche Haltung zu vermuten, und Scheit weist auch darauf hin, daß Nestroy im letzten Teil der Parodie »dem Antisemitismus ganz den Rücken« kehre. (Scheit 1995, 132) Der Rezensent der *Ost-Deutschen Post* fühlte sich durch die »Judenverachtung« verletzt, und es gilt, dieses Zeugnis ernst zu nehmen, da es doch ein deutliches Indiz dafür ist, wie sehr Nestroy treffen konnte: »Wir wollen kein Wort über die cynische und abstoßende Darstellungsweise Nestroys, der sich mit dem Wohlbehagen seiner grob organisierten Natur in dem Schlamme dieser Gemeinheit wälzte, verlieren. Daß das Stück ausgespielt, daß es wiederholt werden konnte, wirft einen tiefen, traurigen Schatten auf unsere Zustände.« (SW 26/II, 397)

Sorgfältig diskutiert John R. P. McKenzie die Positionen und kommt zu dem Ergebnis: »In Hinblick auf die Ereignisse des 20. Jahrhunderts läßt sich eine objektive Debatte über die wichtigste Zielscheibe der Satire, die Juden Wiens, heutzutage schwer führen.« (SW 26/II, 423)

Hugo Huppert brachte die Problematik in seiner Rezension einer Aufführung im Jahre 1972 in der (kommunistischen) *Volksstimme* auf die knappe Formel: »Was 1848 als Beiwerk harmlos war, ist es 1972 mitnichten.« (SW 26/II, 405) Das Problem zu bagatellisieren ist unstatthaft, wie es mir auch nicht angebracht erscheint, in Nestroys Stück eine entscheidende Etappe auf dem Weg zu den antisemitischen Verbrechen des 20. Jahrhunderts zu erblicken. Daß der Auftrittsmonolog des jüdischen Antihelden Joab ein Identifikationsangebot für den Zuschauer in Wien bereit hielt, vermerkt sogar Scheit. (Scheit 1995, 131) Schließlich gehört dieser in die Serie der Antihelden par excellence, ein Verwandter des Färbers Kilian, der allerdings seine antimilitaristische Rede jüdelnd vorbringt: »Wir Hebräer hab'n Wunder g'nug in unsrer G'schicht, / Auf die Wunder der Tapferkeit leist'n wir Verzicht. / Uns're Leut / Sind gar g'scheidt / Hab'n zum Kriegführ'n ka Freud.« (SW 26/II, 95) Das rückt den Helden dieses Textes weit ab von jenem kämpferischen Nationalismus, der nun – nach der Auffassung Scheits – an den Juden wahrgenommen werden würde und sie so zur Zielscheibe eines modernen Antisemitismus werden ließe. Die Komik überwölbt die satirische Intention des Textes, die sich gegen die Sprache, gegen das Verhalten, gegen die Sitten der Juden richtet; allerdings ist dies eine Komik, vor der wir heute zurückschrecken. Ehe wir Nestroy in diesem Zusammenhang wie so viele andere mit der Rolle eines Sündenbocks betrauen wollen, wäre es ratsam, die Komik an sich, deren wir so sehr bedürfen, um unser Leben weiterführen zu können, nach Punkten zu untersuchen, die durch den Gang der Geschichte zu schwärenden Wunden werden können. Daß es Stimmen gab, die das Verhalten zu den Juden zu problematisieren verstanden und die Schuld nicht bei diesen, sondern bei sich selbst suchten, belegen die Worte des jungen Alfons aus Grillparzers »Die Jüdin von Toledo«, der über sein eigenes problematisches Verhältnis zu den Juden immerhin ins Nachdenken kommt und zur Selbstkritik ansetzt: »Ich selber lieb' es nicht, dies Volk, doch weiß ich / Was sie verunziert, es ist unser Werk; / Wir lähmen sie und grollen wenn sie hinken. […] Wir kreuz'gen täglich zehenmal den Herrn / Durch unsre Sünden, unsre Missetaten / Und Jene haben's einmal nur getan.« (Grillparzer 1987, 501 f.) Mehr noch als der Groll vermag der Hohn zu verletzen.

19. Der Genius der Gemeinheit

»Gemeinheit« ist das Wort, das den Fluchtpunkt aller kritischen Äußerungen über Nestroy zu bilden scheint: Gemeinheit warf Nestroy auch der Rezensent in der *Ost-Deutschen Post* vor, von einem »Genius der Gemeinheit« sprach Hebbel 1861, als Nestroy sich schon von der Bühne zurückzuziehen begann. (SW 26/II, 407) Daß Hebbel – freilich vor der Aufführung von »Judith und Holofernes« – Nestroy außerordentlich schätzte, ist mehrfach belegt; er würde, betont er, »für einen einzigen Nestroy'schen Witz *de première qualité* eine Million gewöhnlicher Jamben hingeben, die das phrasenhafte und triviale Gedankenleben des sogenannten Dichters umsonst zu verhüllen suchen, wie sie sich auch aufbauschen mögen«. (SW 26/ II, 407) Daß Nestroys Parodie nicht die klassizistischen Epigonen, sondern ihn traf, mußte ihn besonders schmerzen, da er in dem Satiriker offenkundig einen Wesensverwandten im Kampf gegen die Hohlheit des Dramas hohen Stiles vermutete. Indes war es gerade das Pathos des Hebbelschen Dramas, das Nestroy mehr gereizt haben mußte als die Attacke auf den Gips der gottverlassenen Nachahmer der Klassiker.

Der Genius war für Hebbel noch keine sinnentleerte und konventionelle mythologische Metapher: Wenn vom Genius eines Abstraktums die Rede ist, so ist damit immer dessen idealtypische Ausprägung gemeint. Nestroy verkörperte also die Gemeinheit in Person, er verkörperte das Vulgäre. Wer sich von ihm getroffen wähnte, konnte sich dadurch zur Wehr setzen, daß er ihn als gemein bezeichnete. Alois Eder hat diesem vor allem rezeptionsgeschichtlich außerordentlich interessanten Phänomen eine aufschlußreiche Studie unter dem Titel »Die geistige Kraft der Gemeinheit« gewidmet. Den Titel verdankt er einer Formulierung Laubes, der retrospektiv über Nestroys Frühwerk räsonnierte: »Unschuldig war er auch da nicht mehr, aber das Gift, welches ihn später ätzend und für Wien bedeutend machte, war noch dünn. Die geistige Kraft der Gemeinheit wird uns immer zu schaffen machen, und sie ist wohl angetan, uns zu verwirren, wenn sie so oft und so richtig aus der Wahrheit schöpft, wie sie das bei Nestroy getan.« (Eder in Hein 1973, 142)

In keiner Abhandlung über Nestroy fehlen jene Worte,

mit denen sich Friedrich Theodor Vischer 1860 über den Komödianten empörte. Sie sind – trotz der reichlich überzogenen Rhetorik – ein hervorragendes Indiz für die »Kraft der Gemeinheit«, wobei im Falle Vischer weniger deren geistige als deren körperliche Dimension die Verstörung provoziert haben dürfte: »Nun aber dieser Nestroy; er verfügt über ein Gebiet von Tönen und Bewegungen, wo für ein richtiges Gefühl der Ekel, das Erbrechen beginnt. Wir wollen nicht die thierische Natur des Menschen, wie sie sich just zum letzten Schritte zum sinnlichen Genuß gebärdet, in nackter Blöße vor's Auge gerückt zu sehen, wir wollen es nicht hören, dieses kotige ›Eh‹ und ›Oh‹ des Hohns, wo immer ein edleres Gefühl zu beschmutzen ist, wir wollen sie nicht vernehmen, diese stinkenden Witze, die zu erraten geben, daß das innerste Heiligthum der Menschheit einen Phallus verberge.« (Vischer 1861, 63 f.) Wie intensiv gerade die Sexualkomik in den Stücken Nestroys gewirkt haben muß, ist nicht eindeutig zu klären; unserer Neigung und unserer Phantasie bleibt dafür ein ziemlich großer Spielraum überlassen. Daß Vischer just auf diesem Terrain leicht erregbar gewesen sein dürfte, geht aus seiner Schmähung mit ungewollter Deutlichkeit hervor; kaum ein anderer Kritiker fühlte sich – trotz der wahrgenommenen Zotenhaftigkeit des Ganzen – so sehr auf den Phallus verwiesen. Doch scheint Vischers höchstrichterlicher Spruch unbewußt die Komödie Nestroys auf die Anfänge des Genres rückzubeziehen: Komöden der Antike hatten nicht selten – als Phallophoroi – einen Phallus umgebunden, der, wenig dezent, an ihnen lang herabhing und wohl darauf berechnet war, komisch zu wirken. Für Vischer ist der Phallus unsichtbar, er ist abgedrängt, verdrängt, in das »innerste Heiligthum der Menschheit« verbannt.

Die »geistige Kraft der Gemeinheit« muß Laube – mit einiger Reserve – anerkennen; sie dient der Wahrheit. Daß Nestroys Rede, die von dieser Kraft getragen wurde, in Wien unerhört populär, ja prägend werden konnte, ist in der Rezeptionsgeschichte mehrfach notiert worden. (Eder in Hein 1973, 150) Es ist dies ein Punkt, der von Karl Kraus in seiner Würdigung kaum berührt wurde. Um Nestroy als den Wortkünstler erscheinen zu lassen, mußte er von jenem Makel gesäubert werden, der durch den Ruf der »Gemeinheit« auf ihm lastete. Für Ernst Fischer repräsentierte Nestroy die »plebejische Intelligenz« (Fischer 1962, 127), eine Etikettierung, die angesichts der bildungsbürgerlichen Ausstattung – Nestroy war im Gymnasium auch ein guter Schüler – nicht bedenkenlos übernommen werden sollte. Wenn Nestroy eben diese »plebejische Intelligenz« einzusetzen verstand, so tat er dies bereits auf eine sehr reflektierte Weise, die sich auch der anderen Seite und ihrer Argumentation versicherte. Seine plebejische Intelligenz sorgte dafür, daß die bürgerliche Sicherheit gerade dort angegriffen wurde, wo sie am kompaktesten wirkte, wie etwa im Militär und in der Familie.

Gemeinheit bei Nestroy festzustellen ist die verstörte Reaktion jener, die sich durch Nestroys Witz getroffen wähnen, und sie Nestroy vorzuhalten, ist ein Verdikt, das nachhaltiger wirkt als die Zensur oder selbst zu einem zensurähnlichen Phänomen sich entwickelte, da es Bereiche berührte, die von dieser nicht oder kaum als anstößig empfunden wurden. So paßte Nestroy nicht in das immer mehr auf Dezenz bedachte Klima in der Zeit nach 1848, und wenn nicht alles täuscht, so hat er hin und wieder versucht, diese »geistige Kraft der Gemeinheit« so zu zügeln, daß sie nicht unbedingt verletzend wirken mußte. Von Nestroys reflektierter Gemeinheit ist es noch ein weiter Weg zum strategisch erfolgreichen Einsatz des Vulgären. Was später ein Franz Xaver Kroetz, ein Peter Turrini oder gar ein Werner Schwab mit dem schonungslosen Einsatz auch des Fäkalischen zu vollbringen imstande waren, davon ist bei Nestroy noch keine Spur vorhanden. Ganz anders und im Kontrast aufschlußreich dazu ist Büchners »Woyzeck« (entstanden 1836/37). Darin sind in der Tat körperliche Vorgänge mit einer Deutlichkeit angesprochen, wie sie in den Komödien der Biedermeierzeit undenkbar sind. Aus diesen ist – sehr zum Unterschied von den Hanswurstiaden und den Dramen des Sturm und Drang – das Fäkalische so gut wie ganz verbannt. Deutlicher könnte krude Körperlichkeit nicht angesprochen werden als in den Worten des Doctors, die dieser an den bedauernswerten Franz Woyzeck richtet: »Ich es gesehen hab! er auf der Straße gepißt hat, wie ein Hund.« In der Antwort Woyzecks ist all sein Elend, seine Beschränkung auf die pure Physis und seine Sprachnot enthalten: »Aber Herr Doctor wenn man nit and<er>s kann?« (Büchner 1992, 195) Büchners Bruder Ludwig war wenig davon angetan, als sich Karl Emil Franzos 1875 an die Veröffentlichung des »Woyzeck«-Fragments machte. Ihn störte weniger die darin zu vermutende politische Tendenz als die vulgäre Sprache. (vgl. Büchner 1992, 710)

143

So wie die Figuren in Büchners »Woyzeck« entäußern sich die Nestroys nie; ihnen ist auch die Körperlichkeit fremd, mit der noch Hanswurst im 18. Jahrhundert auf der Bühne des Wiener Volkstheaters sich ungehemmt in seiner Sauf- und Freßlust präsentieren konnte und aus seinen sexuellen Begierden kein Hehl zu machen brauchte. Was er machen könne, wenn ihm die »Natur kommt«, fragt Büchners Woyzeck. (Büchner 1992, 209) Mehr an Sprache steht ihm nicht zu Gebote. Da sind Nestroys Figuren ganz anders: Ihnen steht diese reichlich zur Verfügung, und wenn ihnen die »Natur kommt«, dann wissen sie sie einzukleiden und ihre Begierden unter dem Sprachornat zu verstecken. Leidenschaft und Begierde verschwinden in der Sprachwatte, und wir müssen ergänzen, was sich in der Gestik und Körperhaltung ausdrücken ließ. Der Leser ist dazu angehalten, das Anstößige nach eigenem Bedarf mitzudenken. Die Sprache kennt den Unflat nicht, den die in ihr aufbewahrte Skepsis allenthalben vermuten könnte.

20. »Fey'rtagsgwandl«

In allen Lebenssituationen wissen die Figuren, sich mit der Sprache und in der Sprache durchzusetzen. Gleichgültig, ob sie es lakonisch besorgen oder aus dem Vollen schöpfen; ob sie kurz angebunden sind wie der grantige Hausknecht und sich auf das bewährte Formelinventar (»das is klassisch«) verlassen oder ob sie – verpflichtend für jede Zentralfigur – im Auftrittsmonolog ihre sprachlichen Möglichkeiten abundant zur Entfaltung bringen. So sind die Figuren Nestroys meistens gut ausgestattet; sie können mit dem Pfund ihrer Sprache wuchern – ganz im Gegensatz zu den Volksstücken der siebziger Jahre des 20. Jahrhunderts, in denen etwa bei Franz Xaver Kroetz und Peter Turrini die Protagonisten meist der Kaste der Sprachlosen angehören. Scharfsinnig erkannte Karl Kraus, daß die hervorragenden Schauspieler just an den Defiziten der durch den Autor vorgegebenen Rede wachsen könnten, während die Nestroy'sche Sprache sie geradezu bedrohe; daher sei es Unfug, für einen Girardi einen Nestroy-Zyklus vorzuschlagen, wie dies Max Reinhardt, ein »Bühnenlaie«, getan habe: »In Girardi wächst die Gestalt an der Armut textlicher Unterstützung. Bei Nestroy schrumpft sie am Reichtum des Wortes zusammen.« (Kraus 1912, 6)

Titus Feuerfuchs' Karriere ist eine Sprachkarriere; er stellt die Analogie zwischen Gewand und Sprache her, eine durchaus tragfähige Parallele, eine Metapher, die Nestroys Texte in ihrer Gesamtheit organisiert. Da er weiß, daß er mit der Frau von Cypressenburg eine Dichterin vor sich haben wird, räsonniert er über das Verhältnis von poetischer Rede und Alltagsrede und entwickelt danach seine Strategie: »Ich steh' jetzt einer Schriftstellerin gegenüber, da thun's die Alletagsworte nicht, da heißt's jeder Red' a Feyr'tagsgwandl.« (II 17; SW 17/I, 49) Die Metaphern sind die Sprossen auf der Leiter seines sozialen Aufstiegs; freilich ist es nur der Schein, den er mit diesen Bildern erzeugt, aber der Schein trügt nicht, sondern er wirkt in dieser Gesellschaft, weil sie betrogen sein will. Titus will sich in dieser Szene im übertragenen Sinne ein Sprachgewand anziehen – und er erhält, nun schon das dritte Mal, ein ganz reales Gewand, und zwar wieder das Gewand des verblichenen Gemahls der Frau von Cypressenburg. Sprache und Kleider machen die Leute, und es scheint fast – man denke auch an »Der Färber und sein Zwillingsbruder« –, als wären die Nestroy'schen Komödien Investiturkomödien. Nestroy charakterisiert seine Gestalten durch die Phrasierung ihrer Tracht und Rede.

Daß das Thema Bekleidung eine zentrale Rolle in »Lady und Schneider« (1849) spielt, läßt der Titel vermuten. Nestroy habe aus dem »Stand in die Welt gedacht« meinte Karl Kraus; (Kraus 1912, 4) und dieser hat auch die zentrale Rolle des Berufs erkannt: »Immer stehen diese vifen Vertreter dieser Berufsanschauung mit einem Fuße in der Profession, mit dem andern in der Philosophie, und wenn sie auch stets ein anderes Gesicht haben, so ist es doch nur Maske, denn sie haben die eine und einzige Zunge Nestroys, die diesen weisen Wortschwall entfesselt hat.« (Kraus 1912, 6) Der Schneider Heugeign hat einen Traum gehabt, und er darf daher auch eine kleine Traumlehre von sich geben:

»Wenn sich der Körper in die Feder verschlieft, und die Seel merkt daß sie jetzt frey is auf a paar Stund, so gabelt s' wo a Paar Traumbilder auf, und flankirt mit ihnen auf die Fantasiekirtäg herum; da gibt's dann oft einen Tanz, gegen den *Blocksberg-Redout,* und wilde Jagd noch etikett-steife Hofbäll sind.« (I 8; SW 26/II, 17) »Flectere si nequeo superos Acheronta movebo« – so lautet das Motto, das Sigmund Freud seiner »Traumdeutung« (1900; recte 1899) voranstellte: »Kann ich die Götter nicht beugen, so will ich die Unterwelt in Aufruhr versetzen.« Daß der Traum Höllengemälde malt, paßt sehr gut zu diesem Bild der in Aufruhr versetzten Unterwelt: Doch läßt Nestroy eben dieses Unheimliche oder gar das Unlogische und Rätselhafte des Traumes nicht in die Rede des Heugeign eindringen, sondern macht daraus eine skurrile Erzählung, die die politischen Ambitionen des Schneiders satirisch verhöhnt. Ein Professor erscheint, »ein schwarzes Männlein im Rokokofräcklein mit Dreispitz und Zopfenkaterl« (I 8; GW 5, 148), das den Schneider einer Prüfung unterzieht. Nach dieser packt er Heugeign und nimmt ihn auf eine Luftreise. Er gibt sich als »Genius der Schneiderzunft« zu erkennen und droht dem Schneider: »[W]enn ich nichts Untätigeres finde als dich, so zerreiß' ich dich.« (GW 5, 149) Und in der Tat: es gibt noch »Untätigeres« als diesen Schneider, nämlich den Landsturm, und so läßt der Genius diesen los, und er erwacht – neben seinem Bett.

Dieses Traumgewand hat Heugeign auch gleich in seiner Schneiderei in Auftrag gegeben; (I 8; SW 26 II, 19) ein solches Phantasiekostüm steht auch im Zentrum der Handlung, der man fürwahr nachsagen kann, daß sie verwickelter als interessant ist. In jedem Falle macht der politisierende Schneider seine Fortune mit dem Gewand, das die düpierte Lady Bridewell für einen Ball anziehen muß. Man will nämlich der Lady einen Tort antun und besticht den Schneider, damit er ihr ein möglichst häßliches Gewand anfertige. Doch Heugeign fühlt sich in seiner Berufsehre getroffen und möchte erst recht eine Probe seiner Kunst liefern, die allerdings abscheulich ausfällt. Die gedoppelte Ironie des Stückes will es, daß just dieses Gewand auf dem Ball zum großen succès für die Lady wird; Heugeign wird gefeiert und fühlt sich als Genie. Seine Schneiderei wird mit Aufträgen überhäuft, obwohl er dem Gewerbe schon Adieu sagen möchte, um sich ganz der Politik zu widmen. Aber die Mechanik des Stückes läßt nur ein gutes Ende zu: Heugeign verabschiedet sich von der Politik, um sich seinem Gewerbe zu widmen. Man kann dahinter – mögen sie auch schon etwas verwischt sein – die Spuren des Besserungsstückes erkennen. Heugeign hat sein Handwerk mit der politischen Rede vertauscht, er gibt – und das wird auch sukzessive verdeutlicht – seine Sprache auf. Er verdankt seine rhetorische Ausstattung zunächst der Sprache seines Standes, aus dem er nach dem bereits zitierten Wort von Karl Kraus (Kraus 1912, 4) »in die Welt« denkt. Emphatisch begründet er aus einem Sprachspiel heraus seinem zukünftigen Schwiegervater Restl die Analogie von Schneiderei und Politik:

»Wenn […] Italien ein Stiefel is, dann sag ich, is das übrige Europa ein Paletot. Rußland is das breite Rückentheil, ganz eingericht't, daß man sich dran anlehnen kann, – der schmale lange Streif, das feine Preußen, is der Sammtkragen, – Deutschland, Frankreich, Spanien sind die Vordertheil, – und England is die Brusttaschen, wo 's Geld steckt. Finden Sie jetzt noch, daß Politik und Schneiderey gar nichts gemein haben miteinand? […] Aus so viele große und kleine Fleckeln ein neuen Mantel machen für die Frau Germania – is das nicht das Frankfurter-Problem?« (I 10; SW 26/II, 22 f.)

Schon im Gespräch mit seiner Braut Linerl hat sich die Metaphorik der politischen Sprache als Bildspender bedient. Der eifersüchtige Heugeign zeiht sie der Untreue. Die Szene wird zum Parlament: »Rechtfertige dich, wenn du kannst, gib s' von dir die Denkschrift deiner Entschuldigung, besteig die Tribune, aus allen Gegenden meiner Seele sitzen die Deputirten beysammen, und die Gallerien meiner Denkkraft sind gedrängt voll von Zweifeln.« Verständlich, daß Linerl repliziert: »Wennst nur reden möchtst, wie ein anderer Mensch.« (I 9; SW 26/II, 20)

Ehe er tatsächlich in der Politik gelandet ist, ist seine Sprache schon von einer déformation professionelle befallen, und selbst als seine Zweifel verflogen sind, kann er nur im Jargon der Politik die »vollständigste Personal-Union« mit seiner Braut fordern. (I 9; SW 26/II, 21)

Heugeign fühlt die Gunst der Stunde; er ist ein Genie, und die Konzentration dieser genialen Kräfte führt in die Politik: »– ah jetzt is der Zeitpunkt, wo auch aus ein Schneider was werden kann.« (II 9; SW 26/II, 56) Heugeign repräsentiert den Politiker der Zukunft und mit ihm die kleinbürgerliche Seele, die sich die Macht im Wortsinne erträumt, indem der Genius sie über die irdischen Stürme erhebt, die sich in Eifersuchts- und Omnipotenzphantasien ergeht, es ist die Seele des mit seinem Stande unzufriedenen Menschen, der sich keinen Jux mehr machen will, sondern an seine Auserwähltheit glaubt. Vor der Folie von »Lady und Schneider« erhält die von der Kritik und von der Literaturwissenschaft wegen ihres mangelnden Tiefgangs herablassend behandelte Posse »Einen Jux will er sich machen« ihre politische Brisanz, und man kann Weinberls Expedition in die Stadt jenen Hauch von Anarchie zubilligen, den sich der Bürger des Biedermeiers gestatten zu dürfen meinte.

Heugeigns Charakter liefert den Grundriß, über dem die politischen Parvenüs ihre kleinen oder größeren Tyranneien errichten können, doch wird eine solche Entwicklung im Keime erstickt, da der politisierende Schneider seine Fähigkeiten nicht entfalten kann. Auch das Stück kann sich nicht entfalten, denn Nestroy hatte sich in den Fußangeln einer allzu konstruierten Handlung verfangen. Scharfsichtig hat schon ein Rezensent erkannt, daß die um dieses Gewand geschneiderte Handlung »auch die Allegorie des Stückes« sei und gemeint: »Das Sujet ist unbedeutend, aber was hat die Fantasie und der Witz des Dichters daraus gemacht!« (SW 26/II, 171) Die anderen Beobachter sind weniger wohlwollend; vernichtend ist die Rezension im *Humoristen*, die Nestroys bekannte Reaktion in dem offenen Brief gegen M. G. Saphir auslöste. (SW 26/II, 178–180) Die Strategie dieser Rezension lief darauf hinaus, die Handlung anzuprangern und Nestroy als puren Reaktionär zu denunzieren: »Ein Schneider, dem das Politisiren zur zweiten Natur geworden ist, wird in die Intrigue verwickelt und diese höchst fadenscheinige Verwicklung soll nun zur Trägerin der Posse werden. Dieses elende Skelett hat Nestroy mit einigen politischen Floskeln, einigen zeitgemäß sein sollenden Lappen, die nach dem Reactions-Winde flattern, umhangen.« (SW 26/II, 176)

Die Diskussion in der Literaturwissenschaft bewegt sich immer noch in diesen von der damaligen Kritik vorgegebenen Bahnen. Der Text wird als Beweis für den Wandel Nestroys zum Konservativen gewertet, was nicht zuletzt auch darauf zurückzuführen ist, daß die zentralen Figuren gerne mit dem identifiziert werden, der sie auf der Bühne verkörperte. Nestroy habe keine Lust gehabt, zum politischen Märtyrer zu werden, und sich »mit einigen pointiert reaktionären Äußerungen öffentlich abzusichern« versucht. (Matt 1994, 142 f.) Solche Lesarten sind zulässig, die Frage ist nur, ob damit auch der politische und ästhetische Charakter erschöpft ist und ob nicht die Sätze der Hauptfiguren, selbst wenn sie sich wie Sentenzen lesen, der Deutung einen viel weiteren Spielraum lassen und es damit verwehren, die Aussagen eindeutig dem Lager der Reaktion zuzuordnen.

So wenig aussagekräftig die Handlung ist, so aufschlußreich ist doch die sprachliche Zurichtung des Verhältnisses von Schneiderei und Politik.

An die Stelle des Handwerks tritt für den Schneider die politische Sprache; wie Titus Feuerfuchs weiß auch er, daß er ihr aus einem besonderen Anlaß ein besonderes Gewand anziehen muß: Seine Rede ist wie das »Fey'rtagsgwandl«, in das sich dieser vor seinem Auftritt bei der Frau Cypressenburg kleiden möchte. So arbeitet Heugeign an seinem Phantasiegewand, das der Zuschauer allerdings nie zu Gesicht bekommt: Es ist wie das Ding an sich, das da vorgeführt werden soll, unbeschreiblich und nicht darstellbar, und nie wird man erfahren, warum es eine so stupende Wirkung erzielte. Wie das Gewand einen Schein erzeugt, so erzeugt auch die Rede einen Schein. Der Ball, auf dem die von Heugeign bewunderte Lady in dem Phantasiekostüm auftritt, ist ein Kampf der Gewänder und der Worte. Heugeigns großer Erfolg verdankt sich, so legt es zumindest diese Lücke in der Argumentation nahe, den Launen des Glückes. Hier hat einer über die Intrigen gesiegt.

Nestroys Kunst besteht darin, für die Rede jeder Figur das richtige Maß zu nehmen und damit den Raum, in dem sie sich zu bewegen haben, sehr genau auszumessen. Zugleich entzieht er sie aber auch der Eindeutigkeit, denn diese Bilder eröffnen einen weiten Spekulationsraum.

Heugeign verfügt über die Gabe, Allegorien spontan herzustellen. In dem famosen Traum wird er von dem Professor nach einer Definition des Volkes gefragt, und seine Antwort muß 1849 zumindest als zwiespältig gegolten haben: »Das Volk is ein Ries in der Wiegen, der erwacht, aufsteht, herumtargelt, Alles zusammtritt, und am End wo hineinfallt wo er noch viel schlechter liegt, als in der Wiegen.« (I 8; SW 26/II, 17) Darin eine Absage an die Revolution zu erblicken, liegt nahe; eine solche Lesart würde leicht mit dem Status quo nach dem Jahr der Unruhen zu verbinden sein. Zum anderen vermittelt diese Allegorie doch auch eine viel komplexere Einsicht in die Befindlichkeiten und Vorgänge: das Volk im Anteilnahme erweckenden Zustand der Unmündigkeit, die Vorgänge außer Kontrolle geraten, die Handlungen eher dem Unterbewußten als der Ratio entspringend. Und das alles führt zu einer fundamentalen Skepsis gegen den Lauf der Dinge und wohl auch gegen die Launen des Glückes, die alles der Planbarkeit entziehen. (vgl. McKenzie in SW 26/II; 196)

21. Bilderspekulationen

Durch die »Bilderspekulation« (Benjamin 1980, I 1, 395) bringt die Zentralfigur Ordnung in das Ungeschlachte der Handlung. Die Bilder, die Heugeign zunächst seinem Beruf und dann der politischen Praxis entnimmt, stellen in der Allegorie einen Bezugspunkt her, in dem die so divergenten Aktionen konvergieren können. Daß die Allegorie zu Beginn des 19. Jahrhunderts in Verruf gekommen war, als unpoetisch galt und in der Literatur »niederen Stils« heimisch geworden war, ist ein Gemeinplatz der Literaturgeschichte; dieser konnte selbst durch Goethes opulente Praxis, mit der er sich ihrer im zweiten Teil des »Faust« bediente, nicht widerlegt werden. Wenn Nestroy also die Allegorien verwendet, greift er damit auf ein Mittel zurück, daß vielfach als obsolet galt. Hegels Verdikt lief darauf hinaus, daß »der Allegorie mit der Selbständigkeit, zu der sie ihre Abstraktionen und deren Bezeichnung personifiziert, kein rechter Ernst, so daß also dem an und für sich Selbständigen nicht eigentlich die Form eines allegorischen Wesens gegeben werden müßte«. (Hegel 1955, 394) Walther Killy hat dieses negative Urteil zum Positiven gewendet, indem er betonte, daß gerade dieses Unernste der Allegorie ein Vorteil sei: Sie könne ihren Gegenstand spielerisch behandeln, und die Allegorien würden nur dann steif wirken, wenn die Umsetzung des Gedankens oder des Abstraktums allzu ernst genommen würde. (Killy 1972, 97) Gerade dieser Spielcharakter der Allegorie kam Nestroy entgegen; daß er sie dem Fundus der Wiener Theatertradition verdankt, steht außer Zweifel, doch sind mit dieser Herkunft weder die besondere Wirkung noch die spezifische ästhetische Funktion geklärt. Zudem läßt sich aufgrund der Praxis, mit der Nestroy seine Allegorien handhabt, eine Entwicklungslinie von seinen Anfängen bis in das Spätwerk ziehen. Mehrfach war schon von den Allegorien des Frühwerks die Rede, vor allem im »Konfusen Zauberer« spielten sie eine große Rolle; daß es sich dabei meist um defekte oder negative Figuren handelt, denen so ganz anders als bei Raimund keine Verkörperung positiver Gegenmächte wie der Alpenkönig Astragalus oder die Zufriedenheit gegenübergestellt werden, braucht nicht eigens betont zu werden.

Die Reden der Figuren Raimunds wirken mitunter so, als wären sie Unterschriften zu stehenden Bildern oder als würden sie ihren Figuren als Sprechblasen aus dem Munde kommen. Diese Übermacht der Bilder belastete die Rede und stand der Schöpfung einer eigenen Literatursprache im Wege. Das ist Raimund gegenüber nicht abwertend gemeint, auch nicht gegenüber seiner Sprache, die gerade dort, wo sie sich dem Diktat des Bildes unterwirft und nicht nach dem Lorbeer der Poesie greift, in ihrer Schlichtheit jene Rhetorik vergessen läßt, deren Opfer sie sonst wird. Doch liegt Raimunds Leistung nicht in der

Konstitution einer eigenen Literatursprache, sehr wohl aber die Nestroys.

Die exponiertesten Stellen im Frühwerk Nestroys sind jene, in denen die Allegorien zur Sprache bringen, was dem Dialog, der die Handlung vorantreiben soll, an Räsonnement abgeht. Bezeichnend ist der Auftritt des Fatums in »Die Familien Zwirn, Knieriem und Leim«, von dem bereits die Rede war. (s. S. 39; I 5; SW 8/I, 14) Mit dieser Szene hat Nestroy endgültig vom Zauberapparat Abschied genommen und zugleich auch eine bittere Diagnose über die Zustände in ein mythologisierendes Bild gebannt.

Die Botschaft dieser Szene wurde in ihren Konsequenzen bisher kaum gewürdigt; sie enthält mit dem Begriff des Fatums, des Schicksals, das begriffliche Zentrum der allegorisch vermittelten Spekulationen. Zu diesem Wortfeld gehörten das Geschick und des weiteren auch das Glück. Den Spekulationen um das Glück ist auch das Stück gewidmet, in dem Nestroy zum ersten Mal auf den Zauberapparat verzichtet, und zwar »Zu ebener Erde oder Die Launen des Glückes« von 1834. Weitgehende Einigkeit besteht darüber, in der Entwicklung des Autors mit dem Abschied vom Zauberstück eine entscheidende Zäsur anzusetzen. Ob sich im Jahr 1834 auch – wie Rio Preisner meint – eine »Art von Rückfälligkeit« durch eine intensive Produktion von Zauberstücken feststellen läßt, ist für unsere Beobachtungen kaum relevant. (Preisner 1968, 74) Dieser Zäsur entspricht allerdings die Absage an die allegorischen Figuren als Akteure auf der Bühne, ein aufschlußreiches und zu diesem Wandel passendes Parallelphänomen. Doch bedeutet der Verzicht auf die Allegorien nicht auch den Verzicht auf die Allegorie an sich. Ganz im Gegenteil: Ab nun erhalten Allegorik und Emblematik erst die bei Nestroy spezifische Aufgabe. Nestroy konserviert die Allegorie, indem er sie versprachlicht und dort verwendet, wo die Bühnenhandlung stillzustehen scheint und durch die Bilder eine Sprachhandlung einsetzt. Die großen Auftrittsmonologe werden daher meist ihr bevorzugter Aufenthaltsort, sie ist auch dort zu Hause, wo sich eine Figur dadurch ihre Überlegenheit gleichsam erredet wie etwa in den Gesprächen des Titus Feuerfuchs, der seiner Rede das »Feyr'tagsgwandl« angezogen hat. Die ersten Versuche sind noch zaghaft; so etwa in der Rede Schmafus, der sich in der »Konfuse Zauberer« selbst auf der Bühne als Melancholiker präsentiert. (s. S. 5 f.; I 8; GW 1, 423)

In »Zu ebener Erde und erster Stock oder Die Launen des Glückes« ist die Allegorie der Fortuna allenthalben präsent. Als Sprachfigur scheint sie die Fäden in der Hand zu halten, um die Marionetten zu bewegen. Damian, der meint, daß sich Fortuna den Fuß überstaucht haben muß, wenn sie nicht in den ersten Stock hinaufkommt, protestiert mit diesem Bild mittelbar gegen die landläufige Vorstellung vom Glück (s. S. 67 f.; III 4; GW 2, 519), weil es seine Gunst nicht gleichmäßig verteilt, während Salerl im Gegensatz dazu sich gegen das Übermaß des Glückes dadurch zur Wehr setzt, daß sie mit dem Spinnrad die Bühne betritt, so die Lehre von der notwendigen Mäßigung im höchsten Glück überdeutlich veranschaulichend, wobei sie aber nicht nach den rational einsehbaren Gründen für dieses Verhalten fragt. (s. S. 66; III 8; GW 2, 524) Was Salerl praktiziert, ist »die individuelle Balancierung und Bilanzierung von Unglück und Glück«. (Marquard 1995, 24) Sie ist weise, weil sie zu kompensieren versteht, weil sie um die richtige Dosierung bemüht ist und so dem vorangegangenen Unglück wohl noch etwas abgewinnen kann. Damian hingegen meint, lediglich Willkür im Walten der Fortuna zu erkennen. Nur ein Eingriff in die traditionelle Vorstellung, nur eine Beschädigung des überkommenen Wirkbildes von der Kraft der Fortuna kann hier eine Änderung bewirken. Unversöhnlich stehen einander Damians und Salerls Glücksvorstellungen gegenüber, doch votiert das Stück für keine der beiden, denn die hartnäckige Skepsis Nestroys richtet sich gegen beide, auch wenn der Schluß die herkömmliche Salerl-Variante zu empfehlen scheint, derzufolge Glück und Unglück einander in rhythmischer Folge ablösen würden. Daß Nestroy allerdings dieser Kompensationsstrategie skeptisch gegenüberstand, belegt ein Aphorismus aus dem Nachlaß: »Glücklich sein ist auch bei weitem nicht das, als aufhören unglücklich <zu> sein.« (GW 6, 563)

In »Zu ebener Erde und erster Stock« werden die im »Bildgedächtnis« tradierten Sinnbilder in opponierenden Varianten durchgespielt – womit die Allegorie sich als der ideale Spielplatz für die »Bilderspekulation« (Benjamin 1980, I 1, 395) erweist. Von einer »aufgehobenen Allegorie« im Sinne ihrer Eliminierung kann kaum mehr die Rede sein, wohl aber von einer in der Sprache aufbewahrten (Kaufmann 1967, 521), jedoch beschädigten. Das läßt sich nun für die immer üppiger werdende, ja geradezu wuchernde Lust am Bild von Stück zu Stück nachweisen. Zusehends nachdrücklicher werden die Sinnbilder, zusehends kompakter die Bildketten. Doch ist das kanonisch festgehaltene Sinnbild der Korrektur unterworfen. Wie angreifbar diese Bildkonventionen sind, erhellt sich aus der Kritik an einer der bekanntesten Allegorien, und zwar der Justitia: »Und die Gerechtigkeit muß *ex officio* stockblind seyn. Die Allegorienerfinder haben ihr die Augen verbunden, warum? Damit sie nicht sieht, wohin sich die Waagschale neigt, und rein thun kann was sie will.« Diese Worte sagt der Schulmeister Wampl zu dem »Wirtschaftsrath« Wichtig, der sich nach den Chancen seines dumm-störrischen Sohnes Stanislaus erkundigt. (»Die schlimmen Buben in der Schule«, 7; SW 25/I, 16) Wieder ist ein Blick in die Bearbeitungspraxis Nestroys aufschlußreich, denn diese Dialogpartie folgt ziemlich genau der entsprechenden Stelle in dem Vaudeville von Lockroy und Anicet-Bourgeois, »Le maître d'école«; allerdings ist gerade die Attacke auf die Allegorie der Gerechtigkeit Nestroys Zutat. (SW 25/I, 153) Wampl verkehrt deren Sinn in das Gegenteil, da er die Blindheit, die Objektivität in der Urteilsfindung garantieren soll, als Mangel deklariert – geradezu ein Musterbeispiel dafür, daß Nestroy den von Hegel unterstellten Unernst der Allegorie spielerisch zu nutzen versteht.

Nicht nur bei so populären, ja abgegriffenen Allegorien sucht der Bilderkritiker die Widersprüche in der Emblemstruktur aufzudecken. Die nachrevolutionäre Posse »Höllenangst« geht mit den Begriffen »Vorsehung« und

»Schicksal« ins Gericht, Begriffe, die sich etwa in Karl Blumauers »Kleinem Lehrbuch der Sinnbildnerei für Künstler, Kunstjünger, Kunstfreunde, besonders für neue Real-, Polytechnische und Gewerbe-Schulen« (1840) fanden, ein Indiz dafür, daß man allenthalben mit diesem Bildungsgut sich vertraut machen konnte. Nestroy beschädigt den Begriff des Schicksals dadurch, daß er ihn mit Bildern aus der merkantilen Sphäre kollidieren läßt. Wendelin Pfrim kanzelt zunächst die Vorsehung ab, die in unserer Gesellschaft völlig versagt habe:

»[W]arum sitzt der reiche Wucherer in der *Equipagi*, während seine Opfer hinter der Scheibtruhen geh'n? warum kleid't die reiche Hundsmutter ihre Lieblinge in Atlaswattirte Schabrakerln, während die arme Menschenmutter für ihre Kinder nix anz'legen hat? warum kriegt der brave Mann Hörndln, während sich um den Lüftigen 's treue Weib zu Tod kränckt z'Haus? warum – zu was viel reden, – man sieht's zu deutlich, die Vorsehung hat abg'wirthschaft't, der böse Feind hat ihr's Neujahr abgewonnen auf der Welt.« (I 9; SW 27/II, 20)

Die Vorsehung erscheint als Bankrotteur; in dem berühmten unterdrückten »Schicksalsmonolog« geht Wendelin in seinen Attacken noch weiter: »Der größte Fehler des Schicksals ist sein Zopf« (SW 27/II, 178), heißt es da, »'s Schicksal hat Alles, was die von ihm beherrschten Menschen empören muß«. (SW 27/II, 177) Schicksal und Weltregierung sind identisch; gegen diese hätten einst die Giganten – »*antediluvianische* Studenten« (SW 27/II, 176) – protestiert. An dieser Stelle ist die Figurenrede weit von jener auf der Bühne des Wiener Volkstheaters immer wieder im Eigenbau hergestellten Theodizee (vgl. Rommel 1952, 817) entfernt, hier wird der Abstand zu Raimunds Geisterwelt, vor allem zu der des Alpenkönigs, der das Muster eines aufgeklärten und gerechten Weltregenten ist, deutlich erkennbar.

Die säkulare, um nicht zu sagen materialistische Demontage des Schicksalsbegriffs durch Nestroy ist ein gutes Beispiel für seine Versinnlichungspraxis, derzufolge sich Allegorie und Emblem just gegen diese Begriffe kehren können, für deren Erklärung sie bestimmt waren. Die Sprachkritik läuft so über die Allegorie; deren »explikative Funktion« beschränkt sich nicht nur darauf, Klarheit zu erzeugen, sondern auch die festgeschriebenen Denotationen von Worten oder – reziprok – auch von Dingen fraglich zu machen. Das von Nestroy derart dynamisierte Prinzip der Allegorisierung tritt in den Dienst der Dekodierung unserer Lebenswelt; sei es, daß Abstrakta auf ihre Bedeutung und Gültigkeit hin befragt werden, sei es, daß durch diese allegorische Analyse der Situationen gesellschaftliche Konstellationen gedeutet werden. Entscheidend dabei ist, daß Nestroy nicht auf einem Bild insistiert, sondern, um den in Frage stehenden Sachverhalt zu illustrieren, eine Serie von Allegorien oder Emblemen nebeneinanderstellt. In den Auftrittsmonologen kommt es zu einem Verschleiß von Bildern, der auch Abnutzungseffekte bei diesen verhindert.

Ein Musterbeispiel dafür ist der Auftrittsmonolog des Peter Span in »Der Unbedeutende« (1846), worin die Anverwandlung des allegorischen Prinzips den gesamten Text bestimmt:

»Der Holzhacker hat die Geometrie umarmt, und so is der Zimmermann entstanden. Unser Handwerkszeug bestätigt diese Abkunft. Die Hacken is unser simples väterliches Erbtheil, wir haben aber auch Zollstab, Zirkel, Winkelmaß als Vermächtniß von unserer tiefsinnigen Mama, und das sind Gegenstände, die man nicht leicht ohne zu denken in die Hand nehmen kann. Der Zollstab gibt uns die wahrste Ansicht von Länge und Breite, von Größe überhaupt, und wann man die einmal hat, da fallen einem dann allerhand Mißverhältnisse auf – wie so Mancher groß herauskommt, und wenn man ihn genau abmeßt, so klein is, daß man ihm gern noch was aufmesset.« (I 13; SW 23/II, 21)

So wie Heugeign die Bilder aus seiner Berufssprache für das Politische verwendet, so mutiert Peter Span durch seine Sprachbezug zum Moralisten. Je konkreter die Terminologie aus der Berufswelt bezogen wird, desto genauer trifft sie die abstrakt erfaßten Sachverhalte. Man könnte – die Allegorese Spans weiterspinnend – formulieren: Ein Volksschauspieler hat die Allegorie umarmt, und so ist Nestroy entstanden. Ja, es läßt sich behaupten, daß das Wesen der Allegorie überhaupt nur um den Preis dieser Mesalliance überleben konnte.

Sie vermag auch deshalb zu überleben, weil Nestroy mit ihrer Hilfe eine zweite Handlung etabliert und durch sie gleichsam eine Meta-Bühne einrichtet, die der Zuschauer zu dem Bild, das er auf der Bühne sieht, hinzudenken muß. In den engen Bühnenraum wird die weite Welt hereingeholt, und sei es nur, um die Befindlichkeit einer Figur in einem bestimmten Moment zu veranschaulichen.

Casimir in »Heimliches Geld, heimliche Liebe« (1853) preist sich glücklich, eine dumme Geliebte zu haben und vergleicht sie mit unkultivierten Landschaften:

»Wenn der Urwald der Unwissenheit noch durch keine Axt der Kultur gelichtet, die Prärie der Geistesflachheit noch durch keine Ansiedlung von Wissenschaft unterbrochen ist, wenn auf den starren Felsen der Albernheit die Gedanken wie Steinböck' herumhupfen und das Ganze von keiner augenblendenden Aufklärungssonne bestrahlt, sondern nur von dem Mondlicht der Liebe ein wenig bemagischt wird – das wird doch, hoff' ich, unbändig romantisch sein!« (I 16; SW 32, 26)

Drei Bilder lösen einander übergangslos ab; sie sind durch die gleiche Bildüberschrift (»Inscriptio«), nämlich »romantisch«, und durch die gleiche Bildunterschrift (»Subscriptio«), nämlich »dumme Geliebte«, miteinander verbunden. Zugleich erscheinen jene Landschaften, für die die massenhaft verbreitete Reiseliteratur zuständig war. Was als Sinnbild des Fernen und Unerforschten gelten mochte, ist mit einem Schlage von bestürzender Alltäglichkeit, wird jedoch durch das Attribut »romantisch« veredelt.

Nestroy ist nicht auf die durch Tradition beglaubigten Bildspender angewiesen, er hat von ihr gelernt, neue Sinnbilder zu erzeugen. Daß ihm die Tradition vertraut gewesen ist, geht aus vielen Belegen, zum Beispiel aus den Aphorismen der Sammlung Trau, klar hervor. So aufschlußreich die Herstellung von Stammbäumen für Zusammenhänge ist, für die besondere Funktion, die dem Emblem und der Allegorie bei Nestroy zukommt, wirft sie nicht viel ab.

In einer Notiz zu seinem Buch über »Die Entstehung des deutschen Trauerspiels« bedauert Benjamin, daß er auf Hebbel und Nestroy nicht zu sprechen gekommen sei. (Benjamin 1980, I 3, 953; vgl. Reichensberger 2000, 121) »Die Allegorie ist die gangbare Form des Fortschritts«, hat Walter Benjamin mit Blick auf die Funktion der Allegorie bei Baudelaire festgehalten; bei ihm würde die »gründende mittelalterliche Schicht unter der barocken zur Geltung« kommen. (Benjamin 1982, 464) Das läßt sich auf Nestroy übertragen, dem die eigenen Erfahrungen als Schauspieler den Grundstock für die Fähigkeit zur spontanen Allegorisierung abgegeben haben dürften. Zudem hat es, so Benjamin, die Allegorie »in ihrem destruktiven Furor mit der Austreibung des Scheins zu tun, der von aller ›gegebenen Ordnung‹ sei es der Kunst sei es des Lebens ausgeht, welcher sie erträglich erscheinen läßt«. Darin sei die »progressive Tendenz der Allegorie« zu orten. (Benjamin 1982, 417)

Daß das Gesamtwerk Nestroys wie das Baudelaires von dieser reflektierten Verwendung der Allegorie bestimmt ist, hat Richard Reichensberger mehrfach betont und zugleich auf die allegorische Funktion der Gegenstände wie etwa der Perücken, die Aufstieg und Untergang des Helden mitbedingen, hingewiesen: »Die Perücke […] bezeichnet allegorisch die totale Austauschbarkeit, und zwar sowohl in Richtung des Individuums wie der Gesellschaft: Diese verleiht ›Wert‹, und zwar immer wieder neu und wechselnd wie in der Allegorese, allein nach Äußerlichkeit – während Auffallendes und Fremdes – wie es mit der Zuwanderung in die wachsenden Städte immer mehr zunahm – ausgegrenzt wird.« (Reichensberger 2000, 138 f.) Eine solche Beobachtung geht weit über den hier vorgeschlagenen Zugang hinaus, der vor allem zu der restaurativen wie innovativen Leistung in bezug auf die sprachlichen Strategien hinführen und die janusköpfige Position Nestroys zeigen soll. Wir wollen uns mit dem Schein begnügen, den Nestroys leicht variierte und oft beschädigte Allegorien herstellen. Die Frage, ob denn auch jene unzähligen fatalen Requisiten bei Nestroy uns die Aufgabe der Entschlüsselung allegorischer Kodierung durchwegs zumuten, möchte ich doch im Interesse eines unbeschwerten Zugang zu den Possen und Volksstücken beiseite schieben.

Spannt man Nestroy und Baudelaire unter dasselbe Joch, gerät man in den Verdacht, man wollte jenen durch diesen aufwerten. Daß beide indes vergleichbar werden, wird durch die allegorische Praxis und die Beobachtungen Benjamins ermöglicht. »Die Allegorie ist die Armatur der Moderne,« dieser axiomatisch wirkende Satz Benjamins aus dem »Zentralpark« (Benjamin 1980, I 2, 681; vgl. dazu Schlaffer 1998, 188) ist in seiner Prägnanz eindrucksvoll, doch wäre es zu einfach, Nestroy daraufhin schlichtweg der Moderne zuzuschlagen. Daß seine Leistung nicht zuletzt in der Nutzung dieses für seine Zeitgenossen obsoleten Mittels sowohl im Dialog wie auch im Monolog zu sehen ist, mag seine Position bestimmen helfen. Er blickt zurück auf eine Tradition, in der er aufgewachsen und der er entwachsen ist, ohne sie zu zerstören, und der Blick nach vor war ihm dadurch möglich, daß er dem Spielcharakter der Allegorie vertraute und so einem spekulativen

Moment auf der Bühne Platz schuf. So konnte er dem Spiel die Lebendigkeit erhalten und für die Weitergabe der Reflexion auf die Kraftnahrung der Sentenz verzichten. Nestroys Fähigkeit, über die Rhetorik zu verfügen und nicht für sie verfügbar zu sein, erhebt ihn über alle jene, die auf sie verzichten zu können meinen und ihr doch tributpflichtig bleiben. Mit Recht hat Volker Klotz die Dialogtechnik Nestroys von der Schillers anhand eines prägnanten Beispiels aus »Kabale und Liebe« abgehoben und gefolgert: »[Nestroy] befreit die Szene von rhetorischer Fremdherrschaft, indem er ihre Grundelemente freilegt und sie heftig aufrührt.« (Klotz 1996, 186 f.) Dies trifft zu, doch gelingt diese Befreiung von »rhetorischer Fremdherrschaft« an entscheidenden Stellen just durch die Rhetorik selbst, und dieses Verfahren läßt sich sehr gut mit den von Klotz anhand der Stücke von Holberg, Kleist, Grabbe und Nestroy erarbeiteten Praktiken einer »Vor-Avantgarde« verbinden.

Nestroy erprobte die Tauglichkeit der Bilder, und seine Allegorienbäume behängt er mit Metaphern. Seine Sprache ist gebunden an diese Bilder, die man nicht vorschnell und schon gar nicht in gerader Linie aus dem Barock ableiten sollte. Er weiß um die Tauglichkeit dieser Denk- und Sinnen-Bilder. Er weiß zugleich, wie prekär die gehobene Literatursprache, das Drama des hohen Stils geworden ist. Sie hat sich von der Sprache seiner Figuren entfernt, von den im Alltag lebenden Kommis und Schreibern, von den Handwerkern und Winkeladvokaten. Den Schreiber Federl in »Die Papiere des Teufels oder Der Zufall« (1842) läßt er die triste Wirklichkeit seiner Schreibarbeit in eine poetische Tätigkeit verwandeln. Er beklagt seine Tätigkeit des Abschreibens von »abstracte[n] Extracte[n]« und »vertakte[n] Contracte[n]« und beschwört seine Einbildungskraft:

»[W]as ich da abschreib' sind Horazische Oden, z'Mittag denck' ich, ich bin eingladen bey ein' Herrschaftskoch auf ein Essen wie's sein Lebtag keine Herrschaft kriegt und Abends kugl' ich mich mit einem Cyprohaarbeutel [metonymisch für Rausch von cyprischem Wein] in die Eyderdunen hinein, – wenn man sich so recht selber für ein' Narren halt't, dann maus't sich der Geist doch in so weit heraus, daß er fähig is, wieder eine Axenumdrehung der Erde zu verknusen. Also. Kaligraphische Mähre, spann dich wieder ein vor den juridischen Pflug.« (Vorspiel 3; SW 18/II, 15) Mit diesem Bild – man erkennt die Parodie des bereits parodistischen Musenanrufs von Wielands »Oberon« – wird die Dichtersprache auf den Nenner gebracht, der ihr mit der Alltagssprache gemein ist. Schreiben auf dem Pegasus kontrastiert als Illusion der Schreibarbeit – eine Erfahrung, die der des Heinrich Lee in Gottfried Kellers »Grünem Heinrich« nicht unverwandt ist, da er statt Gemälde zu malen Fahnenstangen blau-weiß färbeln darf.

Aber Nestroy hat die Dichtersprache, die Sprache der Literatur gerettet; er hat ihren Ornatus, wenngleich verwandelt, so doch bewahrt. Er hat am »Fey'rtagsgwandl« der Dichtersprache herumgebessert, er hat ihm dort Flekken aufgesetzt, wo es ihm zu schön schien, er hat es genäht, wo es Risse bekommen hatte, er hat es ausgebeutet, wenn es staubig geworden war, und er hat es imprägniert und so einen Stoff erzeugt, der auch wetterfest bleiben konnte und nicht fadenscheinig wurde. Er schuf damit eine Sprache, die – ähnlich wie die Heines oder Büchners – nicht vom Gebrauch verschlissen wurde. Das Phantasiegewand aber, an dem er vielleicht auch wie sein politisierender Schneider gearbeitet hat, hat er vorsorglich unseren Blicken entzogen.

22. Man müßte ein Nestroy sein

Diese Betrachtung nahm ihren Ausgang von der Sprache Nestroys und kehrt auf dem Umweg über unterschiedliche Themen wieder zu ihr zurück. Nestroy führt den Zuschauern und mehr noch den Lesern seiner Stücke – Nestroy ist der Dramatiker für Leser schlechthin – eine Sprache vor, die sie tauglich machen könnte, mit komplexen Situationen besser zu Rande zu kommen. Nestroys Figuren sind nicht selten glücklose Glückssucher, aber sie sind – zumindest auf der Bühne – situationsmächtig, weil sie sprachmächtig sind. Eine solche Figur ist Nebel in »Liebesgeschichten und Heurathssachen« (1843), ein Strizzi, der sich durch eine reiche Heirat sanieren möchte. Er fordert Schicksal und Fortuna vollmundig heraus:

»Wenn der Mensch dasteht, mit 17 Schulen in Leib, unzählige Wissenschaften in klein Finger, fünf lebendige Sprachen in Mund, und ein todschlachtigen Soliditätsgeist in Kopf, da kann er mit einiger Zuversicht erwarten, daß ihm das Schicksal ein sauberes Stückl *Existenz* auf'n

Teller entgegentragt, das is keine Kunst – wenn man aber nix glernt, und nirgends gut gethan hat, wenn man dabei eine spezielle Abneigung gegen die Arbeit, und einen Universal-Hang zur *Gaudée* in sich tragt, und dennoch die Idee nicht aufgibt, ein vermöglicher Kerl zu wer'n, darin liegt was *Grandioses*. Der Fortuna als Mittelding zwischen Bettler und *Guerilla* entgegentreten, das *Maximum* von ihr begehren, wenn man auch gar keine Ansprüche darauf hat, das ist die wahre Anspruchslosigkeit, das zeigt von edler *Souffisance*, von fabelhaftem Selbstgefühl, mit Einem Wort, es ist ein schönes Streben.« (I 5; SW 19, 12)

So sehen die Nestroy'schen Glücksritter aus; sie wappnen sich mit Phrasen und Programmen, sie sind sich ihres Unwerts bewußt und vertrauen darauf, daß sie mit der Rede den Schein herstellen können, der ihnen zum Erfolg verhilft. Solche Prozesse macht Nestroy durchschaubar, und zugleich liefert er auch das Sprachmaterial, um den Launen des Glückes begegnen zu können, auch wenn man sie nicht verstehen kann. Die hochtrabenden Pläne der Nestroy'schen Protagonisten werden meist zuschanden, es bleibt aber ihre Sprache, in der sie die Verlaufskurven ihres Glückes oder Unglücks verfolgen können. Die Kunst der Sprachbilder Nestroys beschränkt sich nicht auf den Witz, dessen analytische Kraft Zusammenhänge zwar schlaglichtartig aufzuhellen vermag, sondern geht in der Deutung der Rätsel, mit denen uns Natur und vor allem Menschen versorgen, so weit, wie die Sprache gehen kann.

Nestroys sprachliche Vorgaben sind keine billigen Lebenslehren, sondern liefern Muster, mit denen wir zumindest Gleichnisse für das Unerklärliche des Schicksals und des Glückes versuchen können. Die Vermutung, daß Nestroy seine Figuren mit dieser Gabe der Rede ausstatte, einfach um den Tod hinwegzureden, ist so abwegig nicht: Nestroys »ans Panische grenzende Todesfurcht« (Schübler 2001, 178) wäre vielleicht eines der Motive für jene Intensität und Kraft der Rede, die auch die beste Vergewisserung dafür ist, daß wir noch am Leben sind: So lange ich rede, bin ich. Eine Annahme, die auch für Thomas Bernhard gelten könnte.

Doch wäre es verfehlt, in der Sprache nur ein Lebens- oder Überlebensmittel zu erblicken. Nestroys Bildspekulationen fördern Denk- und Erkenntnisprozesse, und zwar ohne jegliche didaktische Betulichkeit oder magistrale Gestikulation; sie regen dazu an, sich im Definieren zu versuchen. Einer, der ziemlich genau hundert Jahre nach Nestroy geboren wurde, erwies ihm genau in diesem Punkte seine Reverenz: Ödön von Horváth. Auch er wußte von den Launen des Glückes, und deren Opfer sind die in ihrem »Bildungsjargon« gefangenen Figuren seiner Volksstücke. Marianne in den »Geschichten aus dem Wiener Wald« muß, da sie am unglücklichsten ist, in einem Nachtlokal nackt als Allegorie des Glücks posieren; (Horváth 1972, I, 228) diese Szene mag als Zeugnis dafür stehen, wie nachhaltig das »Bildgedächtnis« im Volksstück wirksam blieb – weit über konkrete und nachweisbare Abhängigkeiten hinaus. Salerl in »Zu ebener Erde und erster Stock« ist es noch gegönnt, Strategien der Kompensation wider die Launen des Glückes zu entwerfen, während es

Marianne versagt bleibt, dem Bewußtsein der Unterdrückung, der sie ausgesetzt ist, in der Sprache gerecht zu werden. Horváth selbst hegte die Hoffnung, daß die Sprache doch helfen könnte. Nach dem Einmarsch Hitlers in Österreich schrieb er am 23. März 1938 an Franz Theodor Csokor: »Gott, was sind das für Zeiten! Die Welt ist voller Unruhe, alles drunter und drüber, und noch weiß man nichts Gewisses! Man müßte ein Nestroy sein, um all das definieren zu können, was einem undefiniert im Wege steht!« (Horváth 1972, 8, 680 f.)

Primärliteratur

BR = Johann Nestroy: Sämtliche Werke. Historisch-kritische Gesamtausgabe. Hrsg. von Fritz Brukner und Otto Rommel. 15 Bde. Wien: Schroll 1924–30.
CG = Johann Nestroy's Gesammelte Werke. Hrsg. von Vincenz Chiavacci und Ludwig Ganghofer. 12 Bde. Stuttgart: Bonz 1890–91.
Nestroy 1977 = Johann Nestroy: Briefe. Hrsg. von Walter Obermaier. Wien: Jugend & Volk.
GW = Johann Nestroy: Gesammelte Werke. Hrsg. von Otto Rommel. 6 Bde. Wien: Schroll 1948/49.
SW = Johann Nestroy sämtliche Werke. Historisch-kritische Ausgabe in 42 Bänden. Hrsg. von Jürgen Hein, Johann Hüttner, Walter Obermaier und W. Edgar Yates. Wien: Deuticke 1977 ff.

Andere Autoren

Baudelaire 1980 = Charles Baudelaire: Les Fleurs du Mal. Die Blumen des Bösen. Französisch/Deutsch. Übersetzung von Monika Fahrenbach-Wachendorff. Anmerkungen von Horst Hina. Nachwort und Zeittafel von Kurt Kloocke. Stuttgart: Reclam.
Büchner 1992 = Georg Büchner: Dichtungen. Hrsg. von Henri Poschmann unter Mitarbeit von Rosemarie Poschmann. Frankfurt/M.: Deutscher Klassiker Verlag.
Doderer 1996 = Heimito von Doderer: Tagebücher 1920–1939. Hrsg. von Martin Loew-Cadonna, Wendelin Schmidt-Dengler und Gerald Sommer. Bd. 1. München: Beck.
Goethe 1994 = Johann Wolfgang Goethe: Faust. 2 Bände. Hrsg. von Albrecht Schöne. Frankfurt/M.: Deutscher Klassiker Verlag.
Grillparzer 1987 = Franz Grillparzer: Dramen 1828–1851. Hrsg.

von Helmut Bachmaier. Frankfurt/M: Deutscher Klassiker Verlag.

Hanswurstiaden 1996 = Hanswurstiaden. Ein Jahrhundert Wiener Komödien. Johann Anton Stranitzky. Joseph Felix Kurz. Philipp Hafner. Joachim Perinet. Adolf Bäuerle. Hrsg. und mit einen Nachwort von Johann Sonnleitner. Salzburg: Residenz.

Handke 1992 = Peter Handke: Theaterstücke in einem Band. Frankfurt/M.: Suhrkamp.

Horváth 1972 = Ödön von Horváth: Gesammelte Werke. Volksstücke. Hrsg. von Traugott Krischke und Dieter Hildebrandt. Frankfurt/M.: Suhrkamp.

Jean Paul 1963 = Jean Paul: Vorschule der Ästhetik. In: Werke, Bd. 5. Hrsg. von Norbert Miller. München: Hanser.

Kraus 1955 = Karl Kraus: Beim Wort genommen. München: Kösel.

Parodien 1986 = Parodien des Wiener Volkstheaters. Hrsg. von Jürgen Hein. Stuttgart: Reclam.

Raimund SW = Ferdinand Raimund: Sämtliche Werke. Historisch-Kritische Säkularausgabe. Hrsg. von Ferdinand Brukner und Otto Rommel. Wien: Schroll 1924–1934.

Sealsfield 1982 = Charles Sealsfield: Das Kajütenbuch oder Nationale Charakteristiken. Hsrg. von Alexander Ritter. Stuttgart: Reclam.

Sekundärliteratur

Basil 1967 = Otto Basil: Johann Nestroy in Selbstzeugnissen und Bilddokumenten. Reinbek bei Hamburg: Rowohlt.

Benjamin 1980 = Walter Benjamin. Gesammelte Schriften. Unter Mitwirkung von Theodor W. Adorno und Gershom Scholem. Hrsg. von Rolf Tiedemann und Hermann Schweppenhäuser. Frankfurt/M.: Suhrkamp.

Benjamin 1982 = Walter Benjamin: Das Passagen-Werk. Hrsg. von Rolf Tiedemann. Frankfurt/M.: Suhrkamp.

Brill 1967 = Siegfried Brill: Die Komödie der Sprache. Untersuchungen zum Werke Johann Nestroys. Nürnberg: Hans Carl.

Cersowsky 1992 = Peter Cersowsky: Johann Nestroy. Eine Einführung. München: Fink.

Fischer 1962 = Ernst Fischer: Von Grillparzer zu Kafka. Sechs Essays. Wien: Globus.

Hegel 1955 = Georg Friedrich Wilhgelm Hegel: Ästhetik. Hrsg. von Friedrich Bassenge. Berlin 1955.

Hein 1970 = Jürgen Hein: Spiel und Satire in der Komödie Johann Nestroys. Bad Homburg v.d. H.: Gehlen.

Hein 1973 = Jürgen Hein (Hrsg.): Theater und Gesellschaft. Das Volksstück im 19. und 20. Jahrhundert. Düsseldorf: Bertelsmann Universitätsverlag.

Hein 1990 = Jürgen Hein. Johann Nestroy. Stuttgart: Metzler.

Hein 1997 = Jürgen Hein: Das Wiener Volkstheater. 3., neubearbeitete Auflage. Darmstadt: Wissenschaftliche Buchgesellschaft.

Hein / Meyer 2001 = Jürgen Hein / Claudia Meyer: Theater'gschichten. Ein Führer durch Nestroys Stücke. Wien: Lehner (= Quodlibet. Publikationen der Internationalen Nestroy-Gesellschaft. Hrsg. von Jürgen Hein, Walter Obermaier und W. Edgar Yates, Bd. 3).

Hillach 1967 = Ansgar Hillach: Die Dramatisierung des komischen Dialogs. Figur und Rolle bei Nestroy. München: Fink.

Hüttner 2000 = Johann Hüttner: Johann Nestroy: Zensur und Possentöchter. In: Nestroy 2000, 11–26.

Kaufmann 1967 = Harald Kaufmann: Über die aufgehobene Allegorie. Beobachtungen an Werken von Johann Nestroy und Karl Kraus. In: Gestalt und Wirklichkeit. Festgabe für Ferdinand Weinhandl. Hrsg. von Robert Mühlher und Johann Fischl. Berlin: Duncker & Humblot, 521–541.

Killy 1967 = Walther Killy. Wandlungen des lyrischen Bildes. 5., erweiterte Aufl., Göttingen: Vandenhoeck & Ruprecht.

Klotz 1996 = Volker Klotz: Radikaldramatik. Szenische Vor-Avantgarde: Von Holberg zu Nestroy, von Kleist zu Grabbe. Bielefeld: Aisthesis.

Kraus 1912 = Karl Kraus: Nestroy und die Nachwelt. In: Die Fackel Nr. 349/50, 1–23.

Marquard 1995 = Odo Marquard: Glück im Unglück. Philosophische Überlegungen. München: Fink.

Matt 1994 = Matt, Peter von: Nestroys Panik, in: P. v. M.: Das Schicksal der Phantasie. Studien zur deutschen Literatur. München: Hanser.

Mattenklott 1986 = Gert Mattenklott: Blindgänger. Physiognomische Essays. Frankfurt/M.: Suhrkamp.

Mautner 1974 = Franz H. Mautner: Nestroy. Heidelberg: Stiehm.

May 1975 = Erich Joachim May: Wiener Volkskomödie und Vormärz. Berlin: Henschel.

Nadler 1928 = Josef Nadler: Literaturgeschichte der deutschen Stämme und Landschaften. Regensburg: Habbel.

Nadler 1948 = Literaturgeschichte Österreichs. Wien: Amalthea.

Nestroy 2000 = Nestroy. Weder Lorbeerbaum noch Bettelstab. Hrsg. vom Österreichischen Theatermuseum. Wien: Österreichisches Theatermuseum.

Oehlke 1921 = Waldemar Oehlke: Die deutsche Literatur seit Goethes Tode und ihre Grundlagen. Halle: Niemeyer.

Pflicht 1987 = Stephan Pflicht (Hrsg.): »… fast ein Meisterwerk«. Die Welt der Musik in Ankedoten. Eine heitere Musik-Soziologie. Mainz: Schott.

Preisner 1968 = Rio Preisner: Johann Nepomuk Nestroy. Der Schöpfer der tragischen Posse. München: Hanser.

Reichensberger 2000 = Richard Reichensberger: Walter Benjamin und Johann Nestroy, in: Oswald Panagl/Walter Weiss (Hrsg.): Dichtung und Politik. Vom Text zum politisch-sozialen Kontext, und zurück. Wien: Böhlau, 121–139.

Reichmann 1995 = Eva Reichmann: Konservative Inhalte in den Theaterstücken Nestroys. Würzburg: Königshausen & Neumann.

Riehl 1861 = Wilhelm Heinrich Riehl: Die Familie. 3. Aufl. Stuttgart: Cotta.

Rommel 1952 = Otto Rommel: Die Alt-Wiener Volkskomödie. Ihre

Geschichte vom barocken Welttheater bis zum Tode Nestroys. Wien: Schroll.

Rosenbaum 1982 = Heidi Rosenbaum: Formen der Familie. Untersuchungen zum Wandel in der deutschen Gesellschaft des 19. Jahrhunderts. Frankfurt/M.: Suhrkamp.

Scheit 1995 = Gerhard Scheit: Hanswurst und der Staat. Eine kleine Geschichte der Komik: Von Mozart bis Thomas Bernhard. Wien: Deuticke.

Schlaffer 1998 = Heinz Schlaffer: Faust zweiter Teil. Die Allegorie des 19. Jahrhunderts. Zweite, um eine Nachbemerkung erweiterte Auflage. Stuttgart: Metzler.

Schübler 2001 = Walter Schübler: Nestroy. Eine Biographie in 30 Szenen. Salzburg: Residenz.

Sengle 1970 = Friedrich Sengle: Biedermeierzeit I. Stuttgart: Metzler.

Sengle 1980 = Friedrich Sengle: Biedermeierei III: Die Dichter. Stuttgart: Metzler.

Urbach 1973 = Reinhard Urbach: Die Wiener Komödie und ihr Publikum. Stranitzky und die Folgen. Wien: Jugend & Volk.

Vischer 1861 = Friedrich Theodor Vischer. Kritische Gänge. Neue Folge, Bd. 1. Stuttgart: Cotta

Yates 1994= William Edgar Yates: Nestroy and the Critics. Columbia Sc.: Camden House.